Pendo

Te Deum

Das Geheimnis der großen christlichen Orden

Von Susanne Aernecke

Herausgegeben von Jürgen Haase

Pendo

Inhaltsverzeichnis

Zum Geleit

Orden und Ordensleute haben mit ihren zahlreichen Klöstern die Kulturlandschaft Deutschlands und Europas in einem heute kaum mehr bewussten Ausmaß geprägt. Bereits die Christianisierung weiter Landstriche ging von klösterlichen Zentren aus, die es schon vor der Gründung von Bistümern gab. Durch ihre Schulen und Hospize bauten die Klöster durch viele Jahrhunderte hindurch entscheidend mit an einer Zivilisation der Bildung und der Barmherzigkeit. Es waren Mönche und Nonnen, die lange bevor ein Sozialstaat dafür eintrat, Krankenhäuser und Altenheime, Schulen und Hochschulen, Einrichtungen zur Kinder-, Jugend- und Familienhilfe errichteten und dies sowohl personell wie finanziell unterhielten. Klöster wurden zu Zentren, in denen Theologie und Philosophie, Liturgie und Kunst, Architektur und Landwirtschaft, Heilkunde und Erziehung betrieben und gefördert wurden.

Die Impulse zu diesem enormen Kulturschaffen der Klöster kamen aus einer tiefen Glaubenserfahrung. Die großen Gründergestalten der Orden verbindet, dass sie etwas wie eine Ursprungs- oder Initialerfahrung mit Gott in Jesus Christus auf ihrem Weg gemacht haben. Es war der Lebensweg Jesu Christi, der sie faszinierte und nicht mehr losließ und dem sie im Kontext ihrer konkreten Zeitumstände nachfolgen wollten. So verband sich die benediktinische Suche nach Gott, das dominikanische Setzen auf die Verkündung des Evangeliums, die franziskanische Liebe zum gekreuzigten Herrn oder das ignatianische »Gott in allen Dingen finden« mit einer entschiedenen Hinwendung zum Menschen in seiner konkreten Bedürftigkeit oder Not. Liebe zu Gott und liebendes Engagement für den Menschen – beides gehörte für die Ordensgründer wie deren Brüder und Schwestern zusammen. Aus einer sehr persönlichen und im Laufe ihres Lebens wachsenden Liebe zu Gott schöpften sie die Kraft für ihren Dienst am Menschen. Und umgekehrt, die Begegnung mit Gott erfuhr – wie Papst Benedikt es in seiner Enzyklika »Deus Caritas est« beschreibt – erst aus der Hinwendung zum Nächsten ihren Realismus und ihre Tiefe.

Wir erleben heute bei den Menschen eine neue Sehnsucht nach dem Klösterlichen. Eine wachsende Zahl von Menschen fragt nach Auszeiten in den Orden und ihren Niederlassungen. Kunst und Musik der Klöster, ihre landwirtschaftlichen Produkte, eine Ordensschule oder ein Ordenskrankenhaus erfreuen sich hoher Beliebtheit. Dahinter verbirgt sich wohl auch eine Sehnsucht nach dem Heiligen und nach einer Heilung, die den ganzen Menschen erfasst.

In diesem Zusammenhang freue ich mich, dass *Te Deum* die sechs großen europäischen Orden in Text und Bild dokumentiert. Ich wünsche diesem Buch, dass es die Faszination, die auch heute noch von den Klöstern und Orden ausgeht, vielen Menschen nahe bringen kann.

Dr. Robert Zollitsch
Vorsitzender der deutschen Bischofskonferenz

Vorwort des Herausgebers

Te Deum. Warum dieser Titel? Warum ein Buch über die sechs großen europäischen Ordensgemeinschaften des Christentums?

Te Deum Laudamus. Gott, dich loben wir lautet Luthers Übersetzung aus dem Lateinischen. Früher, im 3. – 6. Jahrhundert, wurde der Hymnus als ein Lobgesang am Ende des Gottesdienstes oder an Festtagen von der Gemeinde gesungen.

Gott, dich loben wir. Ein gewagter Titel in einer Zeit, in der Wissenschaft, Forschung, Bildung und die Medien die Gesellschaft nachhaltig verändert haben, in der die tägliche weltweite Informationsflut aus Politik, Gesellschaft und Wirtschaft unser Leben bestimmt und damit für viele Menschen das »Sein«.

Aus der Perspektive unserer heutigen Realität erscheinen die Tradition und die Lebensweise der Ordensgemeinschaften fast wie ein Anachronismus: Die Globalisierung und das wirtschaftliche Wachstum bestimmen über das Ein- und Auskommen eines jeden Einzelnen von uns, die sozialen Spannungen wachsen, Menschen unterschiedlicher Kulturen versuchen, zusammen zu leben, die natürlichen Ressourcen, wie Erdgas, Erdöl und Kohle zeigen uns wieder einmal die Grenzen unseres Planeten Erde auf, der Zuwachs der Erdbevölkerung steigt rasant an, was den Abstand zwischen »arm« und »reich« immer größer werden lässt, denn 850 Millionen Menschen leben heute – 2008 – unterhalb der Armutsgrenze.

Die Probleme werden immer größer, sie werden komplexer und sie drohen uns zu überrollen. Vielleicht also gerade deshalb *Te Deum*, um uns zu vergegenwärtigen, dass was uns Menschen heute bestimmt, einen Ursprung hat, an den wir uns erinnern sollten. Aber nicht nur um des Erinnerns willen, sondern um die Fundamente neu zu entdecken, denen wir unsere Existenz mit zu verdanken haben.

Te Deum skizziert die Kulturgeschichte sechs großer Orden, porträtiert ihre Gründer und stellt Schwestern, Mönche und Novizen vor, die auch heute noch ihr Leben bewusst nach der urchristlichen Tradition ausrichten. Die christlichen Ordensgemeinschaften bestehen seit fast zwei Jahrtausenden und haben sich über die Jahrhunderte kontinuierlich weiterentwickelt. In einer von Individualismus und Materialismus geprägten Zeit vermögen sie, uns die christliche Grundlage unseres Zusammenlebens wieder zugänglich und uns aufmerksam zu machen auf das, was »Menschsein« eigentlich bedeutet.

Prof. Jürgen Haase

DIE BENEDIKTINER

»Das rechte Maß«

Benedikt und die Gründung des Ordens

Der Benediktinerorden ist der älteste existierende Mönchsorden und galt bis ins hohe Mittelalter als eigentlicher Träger der geistigen Bildung, Wegbereiter und Förderer des gesamten kirchlichen und kulturellen Lebens in Europa.

Im Jahr 475 besiegelten gewaltige Trecks von germanischen Stämmen das Ende des West-Römischen Reichs. Die Besetzung Nordafrikas, der Kornkammer Roms, durch die Vandalen führte zum Zusammenbruch der Wirtschaft, zu Hungersnöten und Seuchen. Rom trieb dem Untergang entgegen und drohte, die gesamte abendländische Kultur mit in den Abgrund zu ziehen.

Benedikt von Nursia, Sohn eines römischen Landadligen, sollte zu jener Zeit in Rom die Kunst der Rhetorik studieren. Schon bald wurde ihm klar, dass es mehr brauchen würde als schöne Reden, um die desolate Welt seiner Zeit wieder in Ordnung zu bringen. Nachdenklich zog er sich an einen einsamen Ort mit dem Namen Subiacus zurück und führte dort in einer Höhle das Leben eines Eremiten. Er kämpfte nicht nur gegen Hunger, Durst, Kälte und die Einsamkeit, sondern auch gegen lockende Versuchungen, die sein eigentliches Vorhaben immer wieder gefährden sollten – als Eremit zu leben wie die frühen Wüstenväter, die eigentlichen Begründer des christlichen Mönchtums.

Anfang des 4. Jh., zur Zeit der stärksten Christenverfolgungen, hatten sich viele Gläubige in die Wüste geflüchtet. Hier fasteten und meditierten sie in verlassenen Gräbern oder Höhlen und versuchten, fernab von jeglicher Zivilisation eine Verbindung zu Gott herzustellen. Der damals lebende Wüstenvater Antonius wird heute noch als »Vater der Mönche« bezeichnet.

Die Höhle des Benedikt ist im Laufe der Jahrhunderte ein imposantes Heiligtum geworden. Sie ist bis zum heutigen Tag Symbol für den Rückzug des Mönchs von der Welt, für seine Einsamkeit und völlige Hingabe an Gott.

Das Kloster Sacro Speco di San Benedetto in Subiaco wurde vor der Höhle gebaut, in der Benedikt drei Jahre lebte und meditierte
Priore Luigi Tiana, Abt von Sacro Speco di San Benedetto, Subiaco

Mit der Bitte, er möchte doch ihr Abt werden, kam damals eine kleine Bruderschaft zu Benedikts Höhle. Er erklärte sich dazu bereit, doch die Brüder waren den Zeitverhältnissen entsprechend keine Regeln mehr gewohnt und wollten sich nicht der strengen Ordnung Benedikts unterwerfen. Daraufhin beschlossen sie, den unbequemen Abt zu vergiften. Der Anschlag misslang, weil der Mönch, der den Giftbecher reichen sollte, ihn aus Angst fallen ließ. Kurze Zeit später löste sich die Gemeinschaft auf. Benedikt gab jedoch nicht auf. Bei seinem nächsten Versuch wählte er selbst einige junge Brüder aus, die beabsichtigten, ein monastisches Leben nach seinen Richtlinien zu führen. Auf den Ruinen eines Apolltempels, in dem einst heidnische Opferrituale zelebriert wurden, errichteten sie die Grundmauern des ersten Benediktinerklosters bei Monte Cassino (529 n. Chr.).

Ob Wahrheit oder Legende – was wir heute über Benedikt wissen, stammt aus der Feder von Papst Gregor dem Großen (540–604 n. Chr.), der Benedikt als Held und positive Identifikationsfigur in seinen Schriften *Dialoge* benutzte, um dem damaligen Sittenverfall entgegenzuwirken. Nach antik-christlichem Brauch schmückte er Benedikts Lebensgeschichte mit Wundern und Legenden aus.

Die Benediktregel

Die Benediktregel ist der Keim für einen humanistischen Neuanfang inmitten einer Zeit des Niedergangs. Benedikt legte darin Regeln für einen vorbildlichen Umgang der Mönche untereinander sowie deren Tagesablauf fest.

»Ora et labora«: Der größte Teil des Tages ist dem Gebet gewidmet oder wird mit Meditation und geistiger Lektüre verbracht. Die freien Zeiten werden als Ausgleich zum Studium und Gebet mit handwerklicher Arbeit ausgefüllt, von der die Mönche ihren Lebensunterhalt bestreiten. Damit wurde mit der im Römischen Reich üblichen Haltung, körperliche Arbeit zu verachten, gebrochen, und es etablierte sich ein neues Arbeitsethos im Abendland.

»Vernimm mein Sohn die Lehren des Meisters und öffne das Ohr deines Herzens«: Benedikt appelliert mit diesem Satz an die »Herzkräfte« des Menschen und plädiert für Ordnung und Klarheit, nicht für Zwang oder Befehl. Allerdings strebt er keine starre Ordnung an, sondern eine, die sich immer wieder den neuen Gegebenheiten der Zeit anpassen soll. Diese flexible Ordnung hängt jedoch von einem weiteren Grundsatz der Regel ab, nämlich dem »rechten Maß«.

Papst Gregor der Große war Benedikts Biograph

Kloster Monte Cassino, 140 Kilometer südöstlich von Rom

»Es muss vor allem Unmäßigkeit vermieden werden und nie darf sich bei einem Mönche Übersättigung einschleichen«: Die in jeglicher Hinsicht maßvolle Haltung Benedikts steht in einem so auffälligen Kontrast zur strengen Askese der Wüstenväter, dass sie als Revolution des Mönchtums gilt. Die rühmliche Eigenschaft des Maßhaltens, die Ausgeglichenheit von Milde und Strenge sind Grundsätze der benediktinischen Regeln, die bis heute ihre Aussagekraft nicht verloren haben.

»Wir wollen uns Gottes Unterweisung niemals entziehen und in seiner Lehre in dem einen Kloster ausharren bis zum Tod.«: Die sogenannte »stabilitas loci«, der lateinische Begriff für Beständigkeit, macht einen wichtigen innovativen Punkt der Regel aus und kann physisch wie psychisch gedeutet werden. Zum einen unter-

bindet Benedikt damit die Wanderschaft der Mönche von einem Kloster zum nächsten und appelliert zugleich an einen inneren, seelischen Zustand, der Charakterstärke und Entschlossenheit ausdrückt.

»Der erste Schritt zur Demut ist Gehorsam ohne Zögern. Es ist die Haltung derer, denen die Liebe zu Christus über alles geht. Der Gehorsam, den man den Oberen leistet, wird Gott erwiesen.«: Im Eigenwillen sieht Benedikt das Verderben des Menschen, im Gehorsam den göttlichen Weg zur Demut. Durch »das richtige Maß« lässt sich für jede Zeit auch das richtige Maß an Gehorsam finden, das zur Demut führt. Der zweite Weg zur Demut ist die Stille.

»Tod und Leben stehen in der Macht der Zunge. Reden und Lehren kommt dem Meister zu, Schweigen

Klosterbibliothek von Monte Cassino

und Hören dem Jünger«: Schweigen heißt loslassen. Wer schweigt, hat bewussten Abstand zu seinen Gedanken, Gefühlen und Stimmungen. Schweigen ist die wahre Sprache der Demut und der Liebe. In dem Maß, in dem der Mönch selbst ein Stück Schweigen wird, trägt er das Echo der Liebe in die Welt. Benedikts liturgische Anordnungen sollen das mystische Gnadenerlebnis vermitteln. Beim gregorianischen Chorgesang, der nur mit wenigen Tönen auskommt, versetzt sich der Mönch in den Geist des Psalmisten, um die geschilderten Gemütszustände mitzuerleben. Nach liturgischer Tradition bedeutet das Gebet Lob Gottes – die spontane Antwort auf empfangene Güte. Durch Loben lernt man lieben, und lieben ist Hingabe.

»Nehmt euch in Acht, dass niemals Unmäßigkeit euer Herz belastet«: Diese Mahnung Benedikts an die Glaubensbrüder, nicht über das rechte Maß hinauszugehen, blieb im praktischen Ordensleben oftmals ungehört.

Der Grund liegt in der Verflechtung machtpolitischer Interessen des Adels und der Kirche. Da der Adel häufig weder schreiben noch lesen konnte, brauchte er die gebildeten Mönche, um seine Macht zu legitimieren. Diese verfassten Briefe und Urkunden, fungierten als Berater in der Politik und hielten so die geistliche Aufsicht über die Bevölkerung. Für ihre Dienste wurden die Klöster reich beschenkt und immer mehr zu prunkvollen, weltlichen Einrichtungen des Adels, der meist den zweitgeborenen Sohn ins Kloster schickte. Wurde der dort Abt, konnte er aus dieser Position heraus seine Dynastie tatkräftig unterstützen.

Trotz der Empfehlung und Begeisterung Gregors des Großen fand die Benediktregel in Italien zunächst keine große Anhängerschaft. Stärker setzte sie sich in den Ländern nördlich der Alpen und im fränkischen Merowingerreich durch. Dort ging das Klosterwesen auf irische Mönche und den heiligen Bonifaz (673–754 n. Chr.) zurück, der große Landstriche missioniert hatte.

Immer mehr Adlige wandten sich dem neuen Glauben zu, tauschten Schwert gegen Spaten und traten in Klöster ein. Sie waren jedoch aufgrund ihrer Herkunft und Erziehung dem auf Handarbeit und Selbstversorgung ausgerichteten Leben oft nicht gewachsen, und es fehlte ihnen eine klare Richtlinie. Erst mit Hilfe der Benediktregel gelang es Karl dem Großen (768–814 n. Chr.), diese Klöster zu festigen und zu Stützpunkten seiner Machtausbreitung zu machen. Karl ließ eine Abschrift des authentischen Regeltextes aus Monte Cassino fertigen, die in Aachen hinterlegt und zur offiziellen Regel für alle Klöster wurde. Die neuen Reichsklöster wurden

Wertvolle Buchbestände aus vielen Jahrhunderten

in der Folge zu besonderen Zentren hinsichtlich Verkehr, Wirtschaft und Kultur. Sie organisierten die erste Welle fränkischer Kolonialisierung und förderten mit der Weitergabe ihres Wissens, was Landwirtschaft und Gartenkultur betraf, erheblich die Entwicklung des Landes. Aus diesem Grund spricht man noch heute von Karls »Klösterreich«.

Die einzigen noch erhaltenen Abschriften der Benediktregel aus dieser Zeit sind in der Bibliothek des ehemaligen Klosters St. Gallen aufbewahrt. Im 9. und 10.

Hohe Kunst mittelalterlicher Buchgestaltung

Jh. war die ehemalige Benediktinerabtei St. Gallen bedeutendstes Kulturzentrum des karolingischen Reichs. Der Sohn Karls des Großen, Ludwig der Fromme (813–840 n. Chr.), vollendete das Werk seines Vaters und verfügte, dass Klöster zu Kulturklöstern werden sollten, die Schulen eröffneten, Bibliotheken und Handwerksbetriebe errichteten, Gottesdienste abhielten und Seelsorge betrieben. Auf diese Weise gab die karolingische Klosterreform dem benediktinischen Mönchtum die Möglichkeit, lange Zeit die Kultur in Europa zu prägen. Von dem ursprünglichen benediktinischen Gedanken der Zurückgezogenheit hatten sich derartig organisierte Großklöster allerdings entfremdet. Immer mehr passte sich der Orden der Zeit und ihren Machtverhältnissen an.

Aufstieg und Abstieg des Ordens

Während in ganz Europa immer mehr und immer prunkvollere Klöster entstanden, setzte mit der Gründung von Cluny in Burgund im Jahre 920 eine Wende ein. Man griff wieder auf das ursprüngliche, mehr kontemplativ ausgerichtete Mönchsideal zurück, wie es Benedikt gelehrt hatte. Cluny wurde damit zum Ausgangspunkt einer der größten Klosterreformen und zum einflussreichsten religiösen Zentrum des Mittelal-

Das Kloster von Cluny, Ausgangs- und Mittelpunkt der cluniazensischen Reform im 10. Jahrhundert.

ters. Allerdings taumelten die Cluniazenser bald von einem Extrem ins andere. So betete bald jeder von ihnen 215 Psalmen am Tag (nach Benedikt sind 37 vorgesehen). Die Arbeit wurde vernachlässigt und von Laien erledigt. Neben ihren Liturgien pflegten sie einen fast heidnischen Totenkult und entfernten sich immer mehr von der Realität, was letztlich zur Überschreitung ihrer finanziellen Möglichkeiten führte. Das »rechte Maß« war überschritten.

Der Grundriss der ersten Kirche von Cluny reproduzierte das Kreuz Jesu Christi. Hundert Jahre später entwickelte sich auf dieser Basis ein ergänzender Kirchenneubau mit riesigen Dimensionen, versehen mit einem doppelten Querhaus, einer monumentalen Höhe, einem fünf-

schiffigen Langhaus und acht Türmen. Die Abtei von Cluny wurde zum Vorbild für die zahlreichen benediktinischen Kirchen des 11. und 12. Jahrhunderts. Der opulente mächtige Bau vertrat durch sein prachtvolles Erscheinungsbild den höchsten Machtanspruch einer kirchlichen Hierarchie, die unmittelbar nur dem Papst unterstellt war.

Im 12. Jh. begann der Niedergang Clunys, nicht zuletzt verursacht durch Bernhard von Clairvaux, der heftige Kritik am Leben des Klosters übte und später die Reformbewegung der Zisterzienser einleitete. Auch die Gründungen der Franziskaner und Dominikaner im 12. und 13. Jh., die sich in den aufstrebenden Städten niederließen, waren für das neue Bürgertum nun inter-

»Nehmt Euch in Acht, dass niemals Unmäßigkeit Euer Herz belastet.«

essantere Ansprechpartner als die saturierten Benediktiner. Die Reformation sorgte schließlich dafür, dass
die meisten Klöster in den protestantisch gewordenen
Fürstentümern aufgehoben wurden. In den verbliebe-
nen katholischen verloren sie mit der Einführung abso-
lutistischer Staatsformen vollständig an Macht. Wissen
und die Weitergabe von Wissen verlagerte sich mehr
und mehr an die Höfe und Universitäten.

In der Zeit der Gegenreformation im 17. Jh. entstand
die Kunstform des Barock, die durch üppige Prachtent-
faltung als Antwort auf das Leid des 30-jährigen Krieges
(1618–1648 n. Chr.) gekennzeichnet war. Die Klöster
wurden erneut zu Keimzellen von Kultur und Wirtschaft, was dazu führte, dass das Benediktinertum in
Süddeutschland, Österreich und der Schweiz eine Blüte
erlebte wie nie zuvor seit dem Hochmittelalter.

In Frankreich versetzte die Französische Revolution
und die darauf folgende Säkularisierung sämtlichen Kir-
chenbesitzes dem Klosterleben einen schweren Schlag.
Cluny wurde bis auf die Grundmauern niedergerissen
und sämtliche Besitztümer und Ländereien an das Bürgertum veräußert. Unter Napoleon (1769–1821 n. Chr.)
jedoch fand wieder eine langsame Renaissance statt,
denn der Feldherr musste sich als guter Katholik zeigen,
um den Papst davon zu überzeugen, ihn zum Kaiser zu
krönen. Allerdings wurden im Zuge der Napoleoni-
schen Eroberungskriege Eigentum und Ländereien der
Klöster erneut dazu verwendet, die Kriegskasse aufzu-
bessern. Diesem Beispiel folgten Deutschland, die
Schweiz und Österreich, wo die Säkularisierung während des Kulturkampfes oft auch mit Gewalt voran-
getrieben wurde. 1805 wurde das Benediktinerkloster
in St. Gallen aufgelöst, 1807 das in Melk. In Deutschland sorgte Bismarck später während des Kulturkampfes für die Schließung von 180 Klöstern. Bücher und
Kunstbestände wurden verschleudert und vernichtet,
wertvolle Bibliotheken dem Staat zugeführt. Intellek-
tuelle und Politiker griffen das Mönchtum generell an.
Eine solche Lebensform widerspräche der Vernunft,
den Menschenrechten und der Natur. So drangen gegen
Ende des 19. Jh. die Denkweisen der Aufklärung auch
hinter viele Klostermauern und führten bei jungen
Mönchen und Nonnen zu Zweifeln an der eigenen
Bestimmung. Der aufgeklärte Mensch sollte nicht
mehr an Vorgaben der Obrigkeiten oder konventio-
nelle Zwänge gebunden sein, sondern sein Leben und
Denken selbst bestimmen. Das Chorgebet wurde zur
lästigen Pflicht, die keinen geistlichen Gewinn mehr
brachte. In Österreich war es während des Josephi-
nismus sogar als gesundheitsschädigend verboten.

Mönchszellen säumen die Klostergänge von Cluny.

Der Orden bis heute

Das Kloster Ettal wurde gegen Ende des 12. Jh. von Ludwig IV. erbaut. Der primäre Beweggrund war wahrscheinlich handelspolitischer Natur: die Erschließung und Sicherung der Handelsstraße von Augsburg nach Verona. Ludwig IV. konzipierte jedoch kein gewöhnliches Kloster, sondern plante, ein »Stift mit kaiserlichen Statuten für verehelichte Ritter« daran anzuschließen. Mit dem Tod des Kaisers 1347 wurde dem Kloster jedoch ein Teil der Dotationen durch den Herzog entzogen, bald darauf wurde der Ritterkonvent aufgelöst. Der weiter bestehende Mönchskonvent erhielt 1368 die kirchliche Bestätigung. Zu Beginn des 17. Jh., mit der Gründung des Klostergasthofs und der Brauerei, gewann das Kloster zunehmend an Bedeutung, nachdem die Bergstraße von Oberau nach Ettal ausgebaut worden war. Mit der Säkularisation im 19. Jh. jedoch schien das klösterliche Leben in Ettal zu erlöschen, Teile des Gebäudes wurden abgerissen, und das Kloster wechselte vor seiner Wiederbegründung 1900 mehrmals den Besitzer. Heute gehören wieder 55 Mitglieder zum Konvent, zu deren Hauptaufgaben nach dem Gotteslob die Jugenderziehung in Schule und Internat zählt. Außerdem sorgt eine Vielzahl von Betrieben für die Grundversorgung und Erhaltung des Klosters: eine

Kloster Ettal im Abendlicht

»Reden und Lehren
kommt dem Meister zu,
Schweigen und Hören
dem Jünger.«

Kloster Ettal besticht durch seine barocke Baukunst

Jugenderziehung und Landwirtschaft gehören zu den Hauptaufgaben des Ettaler Klosterbetriebs

Bäckerei, ein Klosterladen, ein Buch- und Kunstverlag, eine Brauerei und Destillerie, eine Gärtnerei, Land- und Forstwirtschaft, ein Hotel, Ferienwohnungen, eine Schneiderei, Schreinerei, Schlosserei, Wäscherei sowie ein eigenes Elektrizitätswerk. Damit zählt das Kloster gleichzeitig zu den größten Arbeitgebern in der Umgebung. Aus dem ursprünglichen Bestreben nach Autarkie und Selbstversorgung, wie in der Benediktregel festgelegt, hat sich ein ausgeprägter merkantiler Sinn entwickelt, der die Benediktiner wahrscheinlich auch noch im nächsten Jahrhundert überleben lassen wird.

Die Erzabtei St. Ottilien in Oberbayern wurde 1884 von dem Beuroner Benediktiner Andreas Amrein gegründet, der dem Kolonialgeist jener Zeit folgend das

benediktinische Leben mit der Missionstätigkeit verbinden wollte. Bis heute ist es die wichtigste Aufgabe der Missionsbenediktiner von St. Ottilien, junge Kirchen im Aufbau zu unterstützen und benediktinisches Klosterleben in überseeischen Ländern zu fördern. Erst im Sommer 2008 unterrichtete Erzabt Jeremias Schröder sechzig chinesische Novizen, die für einige Monate in St. Ottilien lebten, um hier in das Ordensdasein ein-

gewiesen zu werden. Seit Beginn der Missionsarbeit schickten entsandte Benediktiner aus Süd- und Ostafrika, Korea und der Mandschurei ethnologische und zoologische Stücke an ihr Ordenshaus in Bayern. Das daraus entstandene Missionsmuseum thematisiert die Tierwelt Afrikas und des fernen Ostens, gibt Einblicke in afrikanische Stammesreligionen, Ahnenkulte und Zauberei sowie in die Bräuche des Buddhismus.

Die Abtei St. Hildegard in Bingen im Rheingau ist im byzantinisch anmutenden »Beuroner Stil« gebaut. Es ist das Nachfolgekloster der heiligen Hildegard von Bingen (1098–1179 n. Chr.), der wohl bekanntesten Benediktinerin. Als zehntes Kind einer adligen Familie geboren, wurde sie schon mit sechs Jahren von ihren Eltern in das Kloster Disibodenberg in die Frauenklause der Benediktiner gebracht. Dort beschäftigte sie sich mit der Psyche und Anatomie des Menschen, sowie mit Kräuterkunde und entwickelte neue Behandlungsmethoden für Kranke. Mit vierzig Jahren gründete sie ihr eigenes Kloster auf dem Rupertsberg bei Bingen – für eine Frau dieser Zeit ein revolutionärer Schritt. Sie sah sich selbst als Prophetin und wurde »die Posaune Gottes« genannt. Immer mehr junge Frauen, vor allem aus dem Adel, fühlten sich von ihr angezogen und traten in den Orden ein. Einerseits strebten sie nach Bildung, andererseits wollten sie sich nicht der üblichen Heiratspolitik unterwerfen.

Abtei St. Hildegard, Neugründung von 1904

Erzabtei St. Ottilien bei München. Hier leben die Missionsbenediktiner

Die heilige Hildegard von Bingen verfasste im Laufe ihres Lebens große Werke wie den *Scivias*, oder *Physica* und *Causal et Cural*, die ihre Erfahrungen der seelischen und körperlichen Heilungsmöglichkeiten widerspiegeln.

Die Klostermedizin wurzelt in dem Leitsatz: »Die Sorge für die Kranken muss vor und über allem stehen. Man soll ihnen so dienen, als seien sie wirklich Christus.« Vieles, das für uns heute selbstverständlich ist, wie Salbei gegen Husten oder Kamillentee bei Magenschmerzen, wurde in den Klöstern des Mittelalters entdeckt. Mit den alten Rezepturen der Mönche und Nonnen wurde nicht nur das einfache Volk behandelt, sondern auch Könige und Fürsten. Ein berühmter Mönchsarzt neben Walahfried Strabo war Pater Notker von St. Gallen. Sein Hortulus beschreibt, besser besingt, in 444 lateinischen Hexametern den Aufbau eines idealen Kräutergartens, sowie 24 Heilpflanzen in ihrer Gestaltung und Heilwirkung. Man fand auch heraus, dass traditionelle Ernährungs- und Gesundheitsregeln aus den Klöstern gemeinsame Wurzeln mit der ayurvedischen Lehre und der chinesischen Medizin haben.

»Der erste Schritt zur Demut ist Gehorsam ohne Zögern.«

Anselm Grün, Benediktiner aus dem Kloster Münsterschwarzach, ist einer der erfolgreichsten zeitgenössischen, spirituellen Autoren im In- und Ausland. Sein Buch *Menschen führen, Leben wecken*, in dem Führung – egal ob sie in den Händen eines Abts oder Managers eines Konzerns liegt – als spirituelle Aufgabe definiert wird, ist ein Dauerseller. Ein Hinweis aus der Benediktregel: »Man verlange von den Schwachen nur so viel, daß sie sich nicht überfordert fühlen und von den Starken so viel, daß sie sich nicht unterfordert fühlen« könnte aus einem aktuellen Management-Coaching stammen. Anselm Grün gibt heute weltweit Seminare zum Thema Führungsqualitäten auch in großen Unternehmen.

Ein anderer Weiter- bzw. Querdenker der Benediktiner ist Willigis Jäger, der gleichzeitig christlicher Mönch, Zenmeister der Sanbo-Kyodan-Linie und Mystiker ist. Unter dem damaligen Kardinal Joseph Ratzinger wurde ihm vorgeworfen, Glaubenswahrheiten persönlichen Erfahrungen untergeordnet zu haben, und man erteilte ihm nicht nur ein Rede- und Schreibverbot, sondern untersagte ihm zugleich öffentliche Auftritte. Daraufhin bat er, exklaustriert zu werden und arbeitet seitdem als spiritueller Leiter und

Anselm Grün, Cellerar und Bestsellerautor

Willigis Jägers neue Denkansätze werden in theologischen Kreise oft kritisch diskutiert.

Lehrer auf dem Benediktushof, einem Meditations- und Seminarzentrum bei Würzburg. Alle dort angebotenen Kurse verfolgen das Ziel, Kontemplation und Mystik in östlichen wie westlichen Religionen wieder zu beleben.

Alle benediktinischen Kongregationen sind heute in der benediktinischen Konföderation zusammengeschlossen, deren geistiger Mittelpunkt das Kolleg St. Anselm in Rom ist, wo der Abtprimas residiert. St. Anselm ist auch Sitz der einzigen philosophisch-theologischen Hochschule, die vom Gesamtorden der Benediktiner getragen wird. Heute gibt es im deutschsprachigen Raum 59 Männer- und 43 Frauenklöster der Benediktiner. Weltweit sind es über 40 000 Mönche und Nonnen, die zur benediktinischen Ordensfamilie gehören.

DIE ZISTERZIENSER

»Zurück zur Demut«

Gründung des Ordens

Die Bewegung der Zisterzienser entstand im 11. Jh. aus der bewussten Abkehr vom weltlichen Reichtum der Benediktiner und der Rückbesinnung auf die ursprüngliche Mönchsregel des Benedikt von Nursia, die eine schlichte Lebensweise zwischen Arbeit und Gebet vorschreibt.

Im ersten Kreuzzug im Jahr 1099 war Jerusalem zurückerobert worden. Die Kriegsgewinne kamen dem Adel zugute, der zu seiner Legitimation große Summen in die Klöster steckte, welche immer prächtiger wurden. Im Gegenzug schrieben Mönche Briefe und Urkunden, fungierten als Berater in politischen Fragen und beschäftigten sich zunehmend mit weltlichen Dingen.

Zu jener Zeit verließ der Benediktiner Robert von Molesme, Abt im französischen Burgund, seine Abtei, um mit ein paar Gefährten in der abgelegenen Gegend von Citeaux ein eigenes Kloster zu gründen. Sie legten Moorgebiete trocken, rodeten Wälder und machten verwilderte Landstriche urbar. Das Kloster, das sie errichteten, war Zeichen eines radikalen Neubeginns: Dort wollten sie wieder maßvoll und in Demut vor der Schöpfung ein authentisches Christentum leben.

Noch heute umfließt das Wasser einer zehn Kilometer nördlich gelegenen Quelle, das die frühen Zisterzienser im 13. Jh. kanalisierten, die Klostermauern von Citeaux. Der Legende zufolge wurde das Kloster nach der Zistel, einer Schilfrohrpflanze, benannt. Deren nachgebildete Blätter aus Stein schmücken noch heute die Kapitelle der Säulen in manchen Zisterzienserklöstern. Ein weiteres Überbleibsel der ersten Mönche von Citeaux ist das weiße Mönchshabit. Das pompöse, pelzverbrämte Habit der Cluniazenser betrachteten sie als

Für Zisterzienser typische weiße Mönchskutten

Mönche von Citeaux nach der Messe

Clos de Vougeot ist heute noch bekannt für seine Qualitätsweine

Zeichen des Überflusses, und da sie weder Wolle noch Tuch färbten, ergab sich daraus das charakteristische schafsweiße Zisterzienserhabit. Die starke Naturverbundenheit der Zisterzienser war Ausdruck ihrer großen Demut gegenüber der göttlichen Schöpfung. Vor diesem Hintergrund entwickelten sie im Lauf der Zeit auf dem agrartechnischen Sektor einen hohen Erfindergeist, und sie wurden zu wahren Meistern der Käserei und des Weinanbaus. In Clos de Vougeot, ganz in der Nähe des Klosters, stellten die Mönche sogar ihre ersten wissenschaftlichen Versuche an, welche Rebsorten sich auf welchen Böden optimal zum Anbau eigneten, und wie man die Reben im Weingarten am besten schnitt, düngte und verarbeitete.

Doch zu Beginn lebte die kleine Gemeinschaft unter großen Entbehrungen in bitterer Armut. Viele Mönche starben, und es fehlte an Nachwuchs. Der damalige Abt Steven Harding war kurz davor aufzugeben, als eines Nachts dreißig Männer vor der Tür standen und um Einlass baten. An ihrer Spitze Bernhard de Fontaine, ein hoher Adliger aus Burgund, der schon früh beschloss, den Weg des Mönchs einzuschlagen und in Citeaux den rechten Ort für seine Gesinnung sah. Mit der tatkräftigen Hilfe von Bernhard und seinen Gefährten ging es mit der Abtei bergauf.

Bernhard hielt jegliches weltliche Treiben für trügerisch. Er war überzeugt, die Demut vor der Schöpfung könnte man nur durch reine Askese zurückgewinnen.

Dazu gehörte auch die Verweigerung des weiblichen Geschlechts. Es heißt, als sich einst eine Dirne in sein Bett legte, hätte er ihr kurzerhand die Hälfte seines Lagers eingeräumt, sich aber auf die andere Seite gedreht und weitergeschlafen. Selbst als angesehenes Oberhaupt der Zisterzienser nächtigte er nur auf Holzpritschen oder gar auf blankem Boden. Auch die Wis-

Bruder Joël, Prior von Citeaux, pflegt seinen Klosterkäse

senschaft, zu deren Studium ihn seine Familie zunächst zwang, nachdem sie von seinen Klosterplänen erfahren hatte, überzeugte ihn nicht: »Trau meiner Erfahrung und du wirst in den Wäldern mehr finden, als in den Büchern. Stein und Holz werden dich lehren, was du von den Lehrern nicht zu hören bekommst«. Bereits drei Jahre, nachdem Bernhard an die Türe von Citeaux geklopft hatte, wurde er 1115 ausgeschickt, ein Tochterkloster zu gründen. Er drang mit einer Schar Mönche in einen dichten Wald vor, den sie mühevoll rodeten und schließlich in ein »Lichttal« verwandelten. Unter eben diesem Namen *Claire valle* bzw. Clairvaux sollte Bernhard später in die Geschichte eingehen, sein Kloster wurde zu einem religiösen Zentrum, das als Mittler zwischen Königen und Fürsten wirkte, die Wahl von Bischöfen und Päpsten beeinflusste und über Glaubenslehren mitbestimmte.

Bernhards Geschichte war zunächst ein einziger Siegeszug. Wo er auftauchte, standen die Menschen Spalier. Die Glocken läuteten. Das Volk jubelte.

Hohe kirchliche Ämter verweigerte Bernhard jedoch. Er widmete sich stattdessen seinen Vorstellungen der geistigen und religiösen Erneuerung, für die er geistliche Schriften verfasste, die ihm den Beinamen »Doctor mellifluus«, honigfließender Lehrer, einbrachten. Bernhard hielt aber Wissen nicht für das allein Seligmachende, da es leicht zum toten Ballast werden kann und

»Wer durch die Türe
eintritt und seinen Kopf
erhebt, der stößt an,
wer sich beugt, nimmt
keinen Schaden«.

Kreuzgang der Abtei Fontenay, Tochterkloster von Citeaux

dann keine heilbringende Funktion mehr ausübt. Er wusste: »Glühen ist mehr als wissen.« Glühen bedeutet dabei, von etwas ergriffen zu werden, berührt zu werden. Dies schaffte Bernhard durch die Askese. Zudem wollte er eine Kirche des Dienens, nicht die des Herrschens, er wollte eine arme, keine reiche Kirche. Nicht Ehrgeiz, sondern Demut, nicht Prunk, sondern Reinigung des Tempels. Schließlich: »Petrus ist auch nicht mit Edelstein geziert in Seide und Gold auf weißem Zelte von lärmendem Dienertross umgeben

gewesen. Wer dies tut folgt nicht dem Fischer von Galiläa nach.« Bernhards Predigten waren in jener Zeit, in der kaum jemand schreiben oder lesen konnte, für viele Menschen die einzige Möglichkeit, große Ideen zu hören. Dank seiner Überzeugungskraft und seines Charismas wurde die Begegnung mit ihm und seinen Worten zum Schlüsselerlebnis für den Lebensweg Tausender Gläubiger.

Bernhard war ein begnadeter Kreuzzugprediger. Gemäß der Benediktregel – »Das Leben des Mönches ist ein Kriegsdienst, den er Christi leistet« – appellierte er gezielt an Adlige, sich seinem Kreuzzug gegen die Sarazenen anzuschließen, welche die Heilige Stadt Jerusalem in ihre Macht gebracht hatten. Dabei verfolgte er das Ziel, die europäischen Königs- und Fürstenhäuser, die sich gegenseitig in dynastischen Kriegen zerfleischten, zum friedlichen Miteinander gegen einen gemeinsamen Feind zu bewegen und den Ritterstand in den Dienst Gottes zu stellen. Bernhard gelang es, eine Massenbewegung auszulösen, die Adel und gemeines Volk ergriff und in den zweiten Kreuzzug (1147–1149 n. Chr.) mündete.

Ort der Besinnung – der klösterliche Kreuzgang

Das Kloster von Clairvaux dient heute als Gefängnis.

»Es gibt kein Eisen und kein Gift, dass ich so sehr
fürchte als die Leidenschaft zu herrschen«.

Bernhard von Clairvaux starb am 20. August 1153 in seinem Kloster. Die Mönche mussten ihn in aller Heimlichkeit begraben, da sie sonst der Menschenmassen nicht hätten Herr werden können, die den charismatischen Abt noch ein letztes Mal sehen wollten. Zwanzig Jahre nach seinem Tod wurde Bernhard heiliggesprochen. Das schönste Lob hat ihm wohl die heilige Hildegard von Bingen in einem Brief aus dem Jahr 1146 gemacht: »Du bist Sieger in deiner Seele und richtest andere zum Heile auf. Du bist der Adler, der in die Sonne blickt«.

Der Orden bis heute

Das Kloster von Clairvaux wurde in seiner klaren Schlichtheit zu einem architektonischen Vorbild für viele weitere Klosterbauten. Von Clairvaux ausgehend, entstanden bis 1153, Bernhards Todesjahr, an die 300 neue Zisterzienserklöster. Es lag an seiner gewinnenden Persönlichkeit, seiner Beredsamkeit und der Kraft seiner asketischen Lebensweise, dass Bernhard gegen viele Widerstände sein Reformwerk in diesem Ausmaße verwirklichen konnte.

Die Askese, die den Geist des Ordens prägte, zeigte sich auch in dessen Architektur, einem rationalistischen Monumentalstil, der durchgängig auf Pomp und Prunk verzichtete. Doch trotz aller Schlichtheit verstanden die Zisterzienser etwas von der Rührung der Seele, die vor allem in Anbetracht der gewaltigen Formen ihrer Kirchen spürbar wird. Der Baustil zielt darauf ab, den Kirchenbesucher innerlich aufzuwühlen und ihn in einen Zustand der Erregung zu versetzen, den es durch Anstrengung, Askese und Seelenkraft stets aufs Neue zu erkämpfen gilt. Denn er symbolisiert das Ringen mit dem Teufel, um dann den Frieden Gottes zu finden. Charakteristisch für Zisterzienserkirchen ist der Verzicht auf Glockentürme sowie auf kirchlichen Innenschmuck, die Glasfenster sind schlicht in Schwarz-Weiß gehalten. Die Zisterzienser führten die romanische Baukunst zum Gipfel ihrer Vollkommenheit und vermochten auch in der neu aufkommenden Gotik ihren Stil weiterzuentwickeln.

Strenge Romanik prägt die Klosterkirche von Fontenay
Ehemaliger Getreidespeicher des Klosters von Clairvaux

Mönche von Heiligenkreuz beim Chorgebet

Der Eingang von Heiligenkreuz

Die fantastische Klosterbibliothek von Heiligenkreuz

Im Jahr 1133 wurde auf Wunsch des Markgrafen von Babenberg in Heiligenkreuz in Niederösterreich ein Kloster nach dem Vorbild von Clairvaux errichtet. In dem romanisch-gotischen Kreuzgang von Heiligenkreuz verweisen Hunderte von Marmorsäulen auf die Bäume des ursprünglichen Walds von Clairvaux. Heiligenkreuz entwickelte sich zu einem landwirtschaftlichen Modellbetrieb. Der Sohn des Markgrafen, damals Abt des Zisterzienserklosters Morimond, etablierte dort seinen Orden, der gute Kenntnisse in der Rodung und Kultivierung von Land hatte. Die Mönche machten den Wald forstwirtschaftlich nutzbar und bauten auf den Hügeln Wein an, beides wird bis heute fortgeführt.

»Es ist ein Kreuz aus Holz
gewesen, das die Welt
erlöste, nicht eines aus
Silber«.

Ein Standbein des klösterlichen Betriebs von Heiligenkreuz ist die Forstwirtschaft. Pater Johannes Paul inspiziert
das klostereigene Sägewerk

Da in allen Predigten Bernhards die Gottesmutter Maria eine wichtige Rolle spielte – »Solange sie dich an der Hand hält, kannst du nicht fallen. Unter ihrem Schutz hast du nichts zu fürchten. Führt sie dich, ermüdest du nicht. Durch ihre Gunst kommst du sicher ans Ziel« – ist bis heute die Spiritualität der Zisterzienser stark mit der Marienverehrung verknüpft. Maria wurde zur Patronin jeder Zisterzienserkirche und die meisten Marienfeiertage gehen auf die Zisterzienser zurück.

Das Kloster Marienstatt wurde im Jahr 1198 gegründet und ist ein direktes Nachfolgekloster von Citeaux. Heute haben die Mönche eine Brauerei, die ihnen ein gewisses Einkommen garantiert, kümmern sich um die Seelsorge und die großen Marienwallfahrten, die hier mehrmals im Jahr stattfinden. Täglich suchen einzelne Pilger und Pilgergruppen, Gäste und Besucher das Kloster mit dem Gnadenbild von Marienstatt auf. Vor der Schmerzhaften Muttergottes, einem Ort des Gebets und

Pilger auf der Marienwallfahrt nach Marienstatt. Sie beten um die Gnade der Mutter Gottes

Ein im Winter blühender Weißdornstrauch – ein Zeichen Mariens – bestimmte den Standort des Klosters Marienstatt im Westerwald

der Stille, tragen sie in Verbundenheit mit den Mönchen ihre Anliegen und Sorgen, aber auch ihren Dank für erfahrene Hilfe vor Gott und empfehlen dies der Fürsprache Mariens.

Ursprünglich sollte dem Betrachter durch religiöse Bildmotive das Leiden Christi vor Augen geführt werden und ihn zur emotionalen Teilnahme bewegen. Dazu schienen besonders die Vesperbilder geeignet, bei denen Maria den Leichnam Jesu im Schoße hält und weint. Erst gegen 1400 veränderte sich der Bedeutungsgehalt der Vesperbilder und wurde zum Gnadenbild Mariens.

In der Blütezeit der Zisterzienser im Hochmittelalter stellten sich hauptsächlich adlige Frauen unter den Schutz der Mutter Gottes. Viele wandten sich dort der christlichen Mystik zu, welche erst durch Bernhard einen ungeahnten Aufschwung im Mönchtum erlebte. Sie gab Bernhard Kraft, die Strenge seines asketischen Lebens zu ertragen. Die Zisterzienserinnen entwickelten daraus eine erstmals weibliche Mystik, die den adligen Frauen eine geistige Flucht vor dem männlich-materiell ausgerichteten Machtdenken bot. Das Zisterzienserkloster Helfta bei Eisleben aus dem Jahr 1248 galt damals wegen seiner gebildeten Ordensfrauen Mechtild von Magdeburg, Mechthild von Hackeborn und Gertrude von Helfta als Krone der deutschen Frauenklöster. 1542 fiel das Kloster Helfta wie viele andere Klöster auch der Reformation und der darauf folgenden Säkularisierung zum Opfer, wurde Preußische Staatsdomäne und später zu DDR-Zeiten »volkseigenes

Gut«. Nach der Wende bat man Schwester Assumpta, die damals bereits 76-jährige Äbtissin des bayerischen Zisterzienserklosters Seligenthal, ob sie nicht mit einigen Mitschwestern in Helfta einziehen könne, um den Geist des Klosters wiederzubeleben. Das ist gelungen. Nach fast 500 Jahren beschäftigt man sich heute wieder in sogenannten Mystikseminaren mit dem überlieferten Gedankengut. Schwester Assumpta steht außerdem einem Hotel, einem Altenstift und einem Kindergarten vor, schreibt Bücher und kümmert sich um die Frauenseelsorge. Sie ist mit Recht stolz, dass sie hier Fuß gefasst hat: Der Anteil an Katholiken in den neuen Bundesländern beträgt schließlich weniger als 3%.

Heute gibt es weltweit etwa 300 Zisterzienserklöster mit etwa 7000 Mönchen und Nonnen. In Frankreich, in Citeaux, leben wieder Zisterziensermönche der strengen Observanz, die heute Trappisten heißen, in Abgeschiedenheit und wirtschaftlicher Unabhängigkeit.

In Deutschland haben sich die noch nominell bestehenden protestantisch geführten Zisterzienserklöster zur »Gemeinschaft Evangelischer Zisterzienser Erben« zusammengeschlossen.

Schwester Assumpta (dritte von rechts) beim Mystikgespräch

DIE FRANZISKANER

»Entsagung des Besitzes«

Franziskus und die Gründung des Ordens

Der Orden des heiligen Franziskus nimmt sich ganz nach dem Vorbild seines Gründers auch heute noch der Menschen an, die am Rande der Gesellschaft stehen. Wie schon Franziskus sehen die Franziskaner und Franziskanerinnen in jedem Menschen das Abbild Jesu – egal auf welcher sozialen Stufe er sich befindet.

Franziskus wurde im Jahr 1181 als Sohn eines Tuchhändlers in Assisi in der italienischen Provinz Perugia in Umbrien geboren. Europa war befallen vom Fieber und Wahn der Kreuzzüge, aus denen sich gleichzeitig ein aufstrebender Handel mit dem Orient entwickelt hatte. Italien hatte sich dabei als wichtigster Umschlagplatz etabliert. Adel, Klerus und die neuen Handelshäuser in den Städten schwelgten im Luxus, während die Landbevölkerung immer mehr verarmte. Dank seines reichen Vaters genoss Franziskus eine hohe Schulbildung und führte ein ausschweifendes Leben. Mit 21 Jahren zog er gemeinsam mit anderen jungen Männern seiner Stadt in den Krieg gegen die Nachbarstadt Perugia, wobei Assisi unterlag. Franziskus wurde in Perugia eingekerkert und kam erst nach einem Jahr gegen Lösegeld wieder frei. Krank und innerlich erschüttert, suchte er in der Einsamkeit nach dem Sinn des Lebens, bis er ein entscheidendes Bekehrungserlebnis vor dem Kreuzbild der zerfallenen Kapelle von San Damiano hatte:

»Franziskus, geh und baue mein Haus wieder auf, das wie du siehst ganz und gar in Verfall gerät« (Matthäus 10,5). Auf diese göttliche Weisung hin baute er sowohl San Damiano als auch die kleine Kapelle Portiuncula außerhalb von Assisi wieder auf. Diese Tat symbolisierte nicht nur den Wideraufbau einer kleinen Kapelle sondern den der gesamten Kirche des Mittelalters.

Die franziskanische Bewegung, die in ihrer Radikalität einmalig in der Geschichte des Christentums war, sah einzig in der Besitzlosigkeit die Erlösung des Menschen. Früher galt Armut als Gotteswille oder Schicksal. Zu Franziskus' Zeit wuchs zum ersten Mal das Bewusstsein für Armut als das Resultat von Bereicherung der oberen Stände. Denn durch den wirtschaftliche Aufstieg und die Kapitalanhäufung des neuen Bürgertums in den Städten litt die Landbevölkerung Not. Diese versammelte sich in der Hoffnung auf Almosen vor den Toren der Städte. Franziskus war der Überzeugung, dass sein Platz unter diesen Gedemütigten und Leidenden wäre, da auch Christus den letzten und niedrigsten Platz unter den Menschen eingenommen hatte. 1206, auf einer Wallfahrt nach Rom, hatte er mit einem Bettler die Kleidung getauscht, um das Leben in vollkommener Armut »auszuprobieren«. Nach dieser Erfahrung lebte er außerhalb der Stadtmauern von Assisi, pflegte dort die Aussätzigen und ging um Essen bettelnd von Haus zu Haus. Für wohltätige Zwecke und für seine baulichen Renovie-

Über die Kapelle Portiuncula wölbt sich heute die imposante Basilika Santa Maria degli Angeli.

rungsarbeiten nahm Franziskus Waren und Geld aus dem Geschäft seiner Eltern. Dies führte zum Streit mit seinem Vater, der einen Prozess gegen ihn führte. In der Gerichtsverhandlung, die öffentlich auf dem Domplatz stattfand, legte Franziskus vor den Augen der Zuschauer seine ganze Kleidung ab. Mit dieser Geste verzichtete er auf sein Erbe und sagte sich von seinem Vater los. Franziskus' Leben und war fortan von den göttlichen Werten Liebe, Demut und Gehorsam geprägt. Er zog sich jedoch nicht im klassischen Sinne des Mönchtums von der Welt zurück, sondern wollte seine Erkenntnisse mit anderen Menschen teilen: »Der Herr sagte mir, dass ich ein Tor sein solle in diese Welt. Er wolle uns keinen anderen Weg als den Weg seiner Weisheit führen.«

1209 ging Franziskus mit seinen ersten zwölf Gefährten nach Rom, um die Bestätigung seiner Ordensgemeinschaft zu erbitten. Die Legende erzählt, dass Papst Innozenz III. zuvor im Traum gesehen hatte, dass der heilige Franziskus zur Stütze der Kirche werden würde. Der Papst gab vielleicht deshalb Franziskus' Anliegen statt, nicht zuletzt aber weil er sah, dass er den Armutsbewegungen seiner Zeit, die oft in offene Häresie ausarteten, etwas aus den eigenen Reihen entgegensetzen musste. Nachdem der Papst den Orden mündlich bestätigt hatte, zogen Franziskus und seine Gefährten predigend durch Städte und Dörfer, um die Menschen zu Buße und Umkehr aufzurufen. Sie nannten sich fortan Minoriten. Innerhalb dieser Bruderschaft gab es keine Klassenunterschiede; adlig zu sein spielte erstmalig keine Rolle mehr. Franziskus sah vielmehr die Gegensätze in der Gesellschaft, den Reichtum und die Verschwendung auf der einen und die Not auf der anderen Seite. Er beschloss, gegen diese Ungerechtigkeiten anzugehen und für die Armen und Kranken zu sorgen. So wurde er zum Vorbild für die individuelle Nächstenliebe der Christenmenschen seiner Zeit und setzte den Grundstein für das humanistische und soziale Engagement der Kirche in späteren Jahrhunderten.

Ungefähr zur gleichen Zeit entstand ein den Franziskanern nahe stehender Frauenorden, der durch die heilige Klara gegründet wurde.
Klara (ital.: Chiara) wurde 1193/94 als älteste Tochter einer der reichsten adligen Familien Assisis geboren. Eines Tages hörte sie Franziskus während eines Gottesdienstes im Dom predigen und war fasziniert. In Begleitung einer Freundin traf sich Klara einige Male mit ihm und einem weiteren Bruder zu heimlichen Gesprächen und beschloss daraufhin, ebenfalls die Ordensgelübde abzulegen. Sie weihte den Bischof der Stadt in ihr Vorhaben ein, und als Zeichen seiner Zustimmung überreichte er ihr am Palmsonntag, dem 18. März 1212, im Dom eine Palme. In der folgenden Nacht verließ die 18-jährige Klara heimlich das Elternhaus. In der Portiunculakapelle unweit der Stadt wurde sie von Franziskus und seinen Brüdern erwartet. Zum Zeichen der Aufnahme in die Gemeinschaft schnitt er ihr Haar ab und kleidete sie in ein Bußgewand. Klara ließ sich in San Damiano nieder und gründete dort ein Frauenkloster. Später schlossen sich auch ihre Schwestern und ihre Mutter der neu entstandenen Gemeinschaft an.

In Anlehnung an den Ort nannten sie sich »Arme Frauen von San Damiano« oder einfach Damianitinnen. Die Bezeichnung »Klarissen« bürgerte sich erst nach dem Tode Klaras ein.

Die Ordensregel, die Klara für ihre Gemeinschaft 1247 schrieb, war die erste von einer Frau verfasste. Von Klara werden zahlreiche Wunder, vor allem Heilungen, berichtet. Sie selbst empfing während einer langen Krankheit die Wundmale Christi. Zwei Jahre nach ihrem Tod wurde sie durch Papst Alexander IV. am 15. August 1255 heiliggesprochen.

Franziskus' Predigten wurden immer wieder mit Musik verglichen. Um Gott zu preisen, nutzte er Töne der Natur und der Tiere, die seiner Überzeugung nach dem göttlichen Überschwang näher kamen als die nüchterne Begriffsprache der Theologen. Als Geschöpfe ein und desselben Gottes nahm Franziskus Sonne,

Sie hüten das geistige Erbe ihres Ordengründers

Mond und Sterne, Pflanzen und Tiere mit in diesen Klang- und Lebensraum der Geschwisterlichkeit auf: »Wir dürfen niemals wünschen, über andere zu stehen zu kommen, sondern müssen aus Liebe zu Gott wie Diener, jeder menschlichen Kreatur unterworfen sein.« Noch heute kennt man den Sonnengesang des Franziskus, eine Lobpreisung auf die Schöpfung, die Franziskus kurz vor seinem Tod in Damiano gedichtet hatte und die seine Brüder in der Stunde seines Todes für ihn sangen.

Grab des heiligen Franziskus

Gelehrsamkeit, Geist und Macht waren nicht die Attribute des Franziskus. Dieser erkannte vielmehr, dass auch in der Einfachheit Weisheit liegen kann und nicht ausschließlich dem Geist der Wissenschaft entspringen muss: »Jene, die keine hohen wissenschaftlichen Erkenntnisse haben, sollen auch nicht danach trachten, sie zu erlangen, sondern ihr ganzes Streben soll sein, den Geist des Herrn zu besitzen.«

In der Zeit des zweiten Kreuzzuges, als die christlichen Orden zusammen mit den Fürsten und Mächtigen ihrer Zeit durch Gewalt zu missionieren suchten und neue Territorien für sich entdeckten, setzte sich Franziskus persönlich für den Frieden ein: »Oh Herr mach' mich zum Werkzeug dieses Friedens! Wo Hass ist, lass mich Liebe säen, wo Unrecht, Verzeihung, wo Zweifel, Glaube, wo Verzweiflung, Hoffnung, wo Finsternis, Licht und wo Trauer, Freude.« 1219 reiste er nach Palästina und schloss sich dort dem Kreuzfahrerheer an, das auf dem Weg nach Ägypten war. Er besuchte den damaligen Sultan Al Kamil und versuchte, ihn friedlich vom Christentum zu überzeugen, was jedoch nicht gelang.

Nach seiner Rückkehr aus dem Orient stellte Franziskus innerhalb des Ordens große Veränderungen fest. Viele weigerten sich inzwischen, die strenge Forderung der Armut und Besitzlosigkeit zu erfüllen. Außerdem forderten sie, dass es feste Ordensregeln geben und sich

Die Basilika San Francesco in Assisi ist Ziel zahlreicher Pilger aus aller Welt.

ihr Leben nicht wie zuvor allein nach dem Evangelium richten sollte. So schrieb Franziskus eine Ordensregel für seine Glaubensbrüder, vertraute aber weiterhin vor allem auf das von Jesus vorgelebte Leben. Die Konflikte innerhalb des Ordens sollten sich jedoch zunehmend verschärfen, und 1220 trat Franziskus von der Leitung des Ordens zurück, offiziell wegen seiner angegriffenen Gesundheit. Er zog sich in die Einsamkeit der Alverner Berge bei Arrezzo zurück, wo er Weihnachten 1223 in Grecio die berühmt gewordene Krippenfeier hielt und am 17. September 1224 die Wundmale Christi empfing. Am 3. Oktober 1226 starb er im Kreis seiner treuen Gefährten in der Portiuncula. Der Legende nach habe er sich gewünscht, nackt auf die Erde gelegt zu

werden, um seine Treue zur »Herrin Armut« zu verdeutlichen.

An der Spitze des Ordens stand nun Elias von Cortona, ein ehemals enger Vertrauter Franziskus' und späterer Anführer der Gegenbewegung. Von Cortona war von den mächtigen Zisterzienser- und Benediktinerabteien seiner Zeit beeindruckt und wünschte sich für die Franziskaner einen ähnlich imposanten Auftritt. Ab 1228 betätigte er sich deshalb als Bauherr der gigantischen Basilika in Assisi, einem Bau, dem Franziskus niemals zugestimmt hätte, und in den seine sterblichen Überreste nach der Fertigstellung überführt wurden. Das angeschlossene Sacro Convento galt fortan als das Mutterkloster und als geistliches Zentrum des Ordens.

»Von nun an will ich
sagen ›Vater, der du bist
im Himmel‹.«

Speisesaal des der Basilka angeschlossenen Klosters

Der gesamte Kirchenkomplex von Assisi ist eine sogenannte Doppelkirche mit Oberkirche und Unterkirche, in
die das Kloster integriert ist. Im 15. Jh. unter Papst Sixtus
IV. wurde das Kloster stark vergrößert und häufig als
Sommerresidenz der damaligen Päpste genutzt. Einem
theologischen Institut, in dem Studierende aller Ordens-
zweige der Franziskaner ausgebildet werden, geneh-
migte der Vatikan 1971 den Einzug.

Die Basilika besteht aus einer Ober- und Unterkirche

Nach dem Tode Franziskus' spaltete sich der Orden in
die Spiritualen, die versuchten, weiterhin nach den
urfranziskanerischen Prinzipien zu leben, und die Konventualen, die weniger radikal waren und sich der Wissenschaft verbunden fühlten. Zwischen beiden kam es
immer wieder zu schweren Auseinandersetzungen, in
denen sich die Konventualen schließlich durchsetzten.
Widerstrebende Spirituale verurteilte man zu ewigem
Kerker, sie wurden exkommuniziert und etliche fanden
den Tod auf dem Scheiterhaufen.

Im Jahre 1430 kam es zu einer erneuten Abspaltung
der »schwarzen« Franziskaner. Sie schworen nun im
Gegensatz zu den »braunen« Franziskanern der völli-
gen Besitzlosigkeit ab. Hinzu kam, dass aus der Armuts-
bewegung des Mittelalters noch viele weitere kleine religiöse Lebensgemeinschaften hervorgingen, wie die
Beginen, die jedoch aufgrund ihrer Nähe zu Ketzern
später verboten wurden. Die meisten dieser Gemeinschaften schlossen sich, um dem Verbot zu entgehen,
der franziskanischen Regel an, weil diese ihrem Selbst-
verständnis am ehesten entsprach.

Der Maler Giotto di Bondone (1267–1337 n. Chr.) gilt als
der entscheidende Wegbereiter des Rinascimento, der
italienischen Renaissance. Seine Freskenmalereien in
der oberen Basilika in Assisi sind weltberühmt. Der aus

Altar in der oberen Basilika

28 Fresken bestehende Zyklus, in dem das Leben des heiligen Franziskus erzählt wird, zeigt deutliche Parallelen zwischen dem Leben des Franz von Assisi und dem Leben Jesu. Beide hatten es mit einem Verräter zu tun und beide hatten in den letzten Lebensjahren ein Martyrium zu erdulden. Das göttliche Siegel auf diesem Passionsweg waren die Stigmata, die Franziskus auf dem Berg Averna empfing.

Darüber hinaus leitete Giotto aus dem Geist Franziskus heraus eine neue Epoche in der Kunst ein. Seine Fresken gestaltete er in aufeinanderfolgenden Akten entsprechend dem Aufbau der damals beliebten Mysterienspiele und bot damit eine Vorlage für die theatralische Umsetzung des Leben Franziskus' auf der Bühne. Bislang wurde nur dort und in den Kirchenhäusern die kirchliche Lehre ausschließlich durch das gesprochene Wort vermittelt. Nun konnten viele Menschen auch durch das Betrachten der Fresken das Leben des heiligen Franziskus nachvollziehen und sich mit dem Vorbild identifizieren.

Die Franziskaner heute

Im Franziskanerkloster in Berlin Pankow haben die Mönche eine Suppenküche eingerichtet, einen modernen, freundlichen Glasbau, der sogar einen Architekturpreis erhalten hat. Hier werden jeden Tag bis zu 500 Essen an Obdachlose verteilt. »Tendenz steigend«, meint Bruder Andreas der für die Speisung der Armen zuständig ist. Bruder Johannes kümmert sich um die Kleiderkammer; denn was nützt etwas Warmes im Magen, wenn man zugleich nichts Wärmendes zum Anziehen hat. Und da Kleidung schließlich gewaschen werden muss, gehören auch eine Wäscherei zum Kloster sowie eine sogenannte Hygienestation, wo Obdachlose duschen, sich rasieren und Zähne putzen können. Im Ostflügel des Klosters ist die Missionszentrale der Franziskaner untergebracht.

Eine Stunde von Berlin entfernt befindet sich Gut Neuhof. Hier wurde ein Projekt von Franziskanern aus Brasilien in Deutschland übernommen: Die sogenannten *Facendas da esperanza*, »Höfe der Hoffnung« sind für Jugendliche eingerichtet, die durch Sucht und Abhängigkeit, Beziehungsprobleme, Essstörungen und vielerlei anderen Gründen aus Familie und Schule, Ausbildung und Beruf herausgefallen sind. Schwester Marilen kümmert sich um etwa zwanzig jugendliche

Schwester Marilen geht gerne eigene Wege

»Glücklich ist der Mensch, der seinen Nächsten trägt in seiner ganzen Gebrechlichkeit, wie er sich wünscht, von jenem getragen zu werden in seiner eigenen Schwäche.«

Im Zweiergespräch eröffnen sich für Ratsuchende oftmals neue Perspektiven

Drogenabhängige. Sie lebt mit den Süchtigen wie in einer Familie. Alle arbeiten gemeinsam im Garten, auf dem Feld, in den Ställen und ernähren sich von dem, was sie erwirtschaften. Das Programm dauert insgesamt ein Jahr und hat drei Stufen. Erst werden die Jugendlichen »getragen«, dann »gehen sie selbst ihre Schritte« und am Schluss »tragen sie andere«. Hier zeigt sich, dass die heilende Wirkung von Gemeinschaft oft effektiver ist als anerkannte Therapiekonzepte. Schwester Marilen erzählt, dass sie immer wieder von der Erfahrung des heiligen Franziskus eingeholt wird – wie er den Aussätzigen begegnete, erst einen großen Bogen um sie machte, dann Angst und Ekel überwand und schließlich unter all dem Schutt eine »verborgene Perle« fand.

In Eckenheim, einem Frankfurter Vorort mit Betonburgen und einem Ausländeranteil von 99%, lebt Bruder Markus mit zwei Mitbrüdern in einer Drei-Zimmer-Sozialwohnung. Jede Woche kommen mindestens zwanzig Kinder (hauptsächlich aus Eritrea und dem Libanon) zu ihm, um mit seiner Hilfe ihre Hausaufgaben zu erledigen. Mit den Älteren geht Bruder Markus, ein sympathischer Mann Mitte Vierzig in Jeans und Karohemd, oft um die Ecke in ein Café zum Shisha-Rauchen. Hier bekommt er die Probleme der ausländischen Jugendlichen aus direkter Nähe mit und begreift, warum sie aggressiv werden, wenn sie dreimal am Tag in eine Polizeikontrolle geraten. Doch Markus hört sich das nicht nur an, er handelt auch. Er ist Mitglied bei Franciscans International, einer Art NGO, die Status »eins«, also Rederecht bei den Vereinten Nationen

In entspannter Atmosphäre tauen die Jugendlichen auf

in Genf und New York hat. Hier kann er für die Probleme seiner Schützlinge öffentlich eintreten. Doch wenn irgendwann Worte sinnlos werden, weil keiner sie hören will, greift er auch schon mal zu Mitteln des zivilen Ungehorsams. Dann organisiert er Mahnwachen mit Trommelbegleitung vor der Deutschen Bank in Frankfurt, oder auch Sandladungen, die von tatkräftigen Händen in die Garagen raffgieriger Manager geschaufelt werden – für ihn noch ein eher harmloser Protest gegen die unsozialen Auswirkungen des Kapitalismus.

Auch Bruder Benno Maria Kehl ist eine Art Franziskus der Moderne und in der Schweiz schon beinahe ein kleiner Medienstar. Er arbeitet in Zürich als Streetworker in der Drogenszene, besucht regelmäßig Gefangene in verschiedenen Vollzugsanstalten. In seinem Kloster auf der Insel Werd bei Stein am Rhein unterrichtet er »esoterische Praktiken« wie das Laufen über glühende Kohlen, den Gebrauch der Schwitzhütte (Sauna der Indianer), das Delfingebet (Aquabalancing) und dynamisches Beten (Vaterunser mit gymnastischen Übungen). Er raucht gerne mal ein »franziskanisches Friedenspfeifchen«, schreibt erfolgreiche Bücher und hat ein eigenes, kleines TV-Studio, mit dem er für das Lokalfernsehen Beiträge produziert.

Weltweit zählen die Franziskaner heute etwa 15000 Mitglieder und bilden damit den zweitgrößten Orden nach den Benediktinern.

Bruder Benno vor seinem Kloster
Insel Werd bei Stein am Rhein – Brücke in eine andere Welt

DIE DOMINIKANER
»Von der Predigt zur Wissenschaft«

Dominikus und die Gründung des Ordens

Als Predigerorden kämpften die Dominikaner leidenschaftlich und wortgewaltig gegen die Häresie. Noch heute ist das Gespräch auf Augenhöhe wichtiger Bestandteil für diejenigen, die in der Seelsorge tätig sind.

Nachdem Papst Innozenz III. (1198–1216 n. Chr.) seinen Machtanspruch gegenüber dem Kaiser durchsetzen konnte, kooperierte die Kirche um 1200 mehr und mehr mit der weltlichen Macht und wurde spirituell immer unglaubwürdiger. Vor allem in Südfrankreich schlossen sich zu dieser Zeit viele Menschen anderen religiösen Bewegungen an wie den Katharern, die bereits mit dem Aufbau einer Gegenkirche begonnen hatten. Spanien hingegen bildete eine geschlossene kirchliche Front – die Mauren waren aus Aragon und Kastilien vertrieben, und es herrschten wieder katholische Könige.

1170 wurde Dominikus von Guzman in Altkastilien in den niedrigen Adelsstand geboren. Bereits früh entschied er sich für eine Priesterlaufbahn, studierte in Palencia an einer der ersten Universitäten Spaniens Theologie sowie Philosophie und trat aus tiefer religiöser Überzeugung den Augustiner-Kanonikern bei. Die Legende besagt, dass er während einer schweren Hungersnot seine Bücher verkaufte, die damals einen hohen Wert darstellten, um die Armen vor dem drohenden Hungertod zu retten: »Was soll ich über trockenen Fel-

len studieren und draußen auf der Straße verhungern die Menschen?«

Als junger Priester durchquerte er auf einer Reise nach Rom an der Seite seines Bischofs Südfrankreich. Hier trafen sie auf die Katharer, was aus dem Griechischen übersetzt »die Reinen, die Vollkommenen« bedeutet. Diese lebten in radikaler Armut und Keuschheit. Sie betrachteten die Welt und vor allem die römische Kirche als Werk des Teufels. Der französische Adel unterstützte sie, da er in ihnen natürliche Verbündete gegen den papsttreuen König sah. Es gab Ortschaften, in denen bereits die Mehrzahl der Einwohner nicht mehr der römischen Kirche anhing. Dominikus und sein Bischof traf dieser Zustand wie ein Schock: »Mich jammert des Volkes, denn es ist wie eine Herde, die keinen Hirten hat.« Und zugleich war es der entscheidende Augenblick im Leben des Dominikus: Schlagartig wurde ihm der religiöse Notstand seines Jahrhunderts bewusst und in ihm keimte die Idee eines Predigerordens.

Nach ihrem Romaufenthalt kehrten Dominikus und sein Bischof nach Südfrankreich zurück, in der Überzeugung, die Ketzer wieder zum Christentum bekehren zu müssen. Gleich in der ersten Nacht wurden sie bei

Eine in Andacht versunkene Novizin

einem solchen einquartiert. Dominikus begann mit dem Mann ein Gespräch, das die ganze Nacht dauern sollte. Als der Morgen dämmerte, war der Abtrünnige für die Kirche zurückgewonnen. Diese Erfahrung war für Dominikus ein Fingerzeig des Himmels. Reden musste man mit den Leuten, und zwar unvoreingenommen, von Mensch zu Mensch, ohne Arroganz. Für ihn bestand dabei die Herausforderung darin, überzeugende Argumente zu finden, mit denen sich die Abtrünnigen bekehren ließen. Als er eines Tages auf einem Hügel oberhalb von Prouilhe bei Toulouse saß und über die ganze Situation nachdachte, schlug unten im Tal ein Komet in eine Marienkapelle ein. Wieder sprach der Himmel zu ihm. Dort würde er ein Kloster für bekehrte Katharerinnen errichten, die nicht zu ihren Familien zurück konnten.

Der bald darauf einsetzende Kreuzzug gegen die Albigenser – die meisten Katharer lebten in der Stadt Albi, weshalb man sie auch Albigenser nannte – strafte allerdings Dominikus' Worte Lügen. Religiöse und weltliche Interessen begannen sich zu vermischen, und bald ging es für die französische Krone nur noch um die Unterwerfung Südfrankreichs. Den verheißungsvollen

Ein Kreuz erinnert an den Ort des Kometeneinschlags.
Kloster der Dominikanerinnen in Prouilhe

»Ketzerische Gedanken
dürfen nicht verdammt
werden, sondern das Gute
daraus sei für die Kirche
zu verwenden.«

Ordensschwestern von Prouilhe beim gemeinsamen Gebet

religiösen Gesprächen war damit ein jähes Ende gesetzt. Stattdessen wurden Tausende von Katharern getötet. Dominikus beteiligte sich nicht am Kreuzzug, doch er predigte in den zurückeroberten Orten und verbreitete engagiert die Lehre Christi. In dieser Zeit zog er sich oft nach Prouilhe, in das von ihm gegründete Frauenkloster zurück, wo ihn der Gedanke einen neuen Orden zu schaffen, immer mehr beschäftigte. Sein Predigerorden sollte im Gegensatz zu den damals aufkommenden Laienbewegungen, von denen viele zunächst häretische Züge trugen, bei den Klerikern selbst einen Sinneswandel hervorrufen. In Toulouse, der damals größten Stadt mitten im Ketzerland, gründete er in der Rue St. Jacob sein erstes Männerkloster – die ersten Dominikaner in Frankreich nannten sich aufgrund des Straßennamens Jakobiner. Bevor der Bau jedoch fertiggestellt war, hielten sie ihre ersten Predigten in der Kathedrale St. Etienne. Sie predigten aber auch auf Straßen, Plätzen und Friedhöfen, schlichtweg überall, wo sie mit Menschen ins direkte Gespräch kommen konnten.

Kathedrale St. Etienne, erste Predigtstätte des Ordens

Anders als Franziskus, der sich eher in der Nachfolge Christi selbst sah, und dessen Orden sich vor allem der Lebenshilfe und der Bußpredigt verschrieb, folgte Dominikus dem Wirken und Leben der Apostel nach. Völlige Besitzlosigkeit jedoch galt für beide Orden. Auch wenn es in der damaligen Zeit mit dem priesterlichen Ansehen unvereinbar war, den Lebensunterhalt zu erbetteln, Dominikus schreckte das nicht ab. Er wollte damit der reichen Kirche etwas »Glaubwürdiges« entgegensetzen.

Papst Honorius III. bestätigt Dominikus' Orden

1216 erhielt Dominikus von Papst Honorius III. den Segen für seinen Orden. Der Papst hoffte, die zukünftigen Dominikaner würden zentral und global auf die oft schludrig ausgeführte christliche Verkündigung einwirken und damit sein großes Problem der sich ausbreitenden Häresie lösen. Die Augustinusregel, die Dominikus aus seiner Zeit als Augustinerkanoniker bereits vertraut war, wurde zur offiziellen Regel des Ordens. Dominikus nahm sich allerdings nicht die feudalen Strukturen der Kanonikerabteien seiner Zeit zum Vorbild, sondern orientierte sich an den demokratisch genossenschaftlichen Gefügen des aufstrebenden Städtewesens und der Predigerarbeit. Er gewann schnell junge Mitstreiter, die seiner Idee folgten. Um den Argumenten der gebildeten Katharer adäquat zu begegnen, erklärte Dominikus das Studium zur Pflicht. Er sah darin die Vorbedingung zum Predigerberuf. Als erster Ordensgründer gab er damit dem Studium neben dem Gebet eine gleichgestellte Bedeutung nach dem Motto »ora et studia«. Eine zentrale Rolle sollte dabei die Universität von Toulouse spielen, die 1229, acht Jahre nach dem Tod von Dominikus (1221 n. Chr.), von Raimund VII. von Toulouse gegründet wurde. Doch nicht nur in Toulouse gewann der Orden an Bedeutung. Dominikus schickte seine

Ein Leben für Gott – sie haben sich entschieden

»Ohne Liebe kann die Seele nicht bestehen, weil der Mensch aus Liebe und zur Liebe geschaffen ist.«

Lichtdurchflutetes Kirchenschiff der Jakobinerkirche

Mitbrüder schon früh an bedeutende Universitäten wie Paris, Palencia und Bologna, aber auch Oxford, um dort Konvente zu gründen und Novizen unter den Studierenden anzuwerben. In Italien entstanden neun Priorate, in Frankreich sechs, und in Spanien zwei; die Brüder predigten in England, Skandinavien, Ungarn und Deutschland mit insgesamt 60 Konventen. In Bologna jedoch feierte Dominikus seine größten Erfolge. Das ehemalige Dominikanerkloster steht heute noch direkt neben der Universität, die 1088 gegründet wurde und neben Salerno und Paris als die älteste Europas gilt. Auch wenn die Zahl der Universitäten unter weltlicher Führung zunahm – Kaiser Barbarossa war beispielsweise darauf angewiesen, nicht nur Mönche und Geistliche als Schriftkundige in seiner Verwaltung zu beschäftigen, um eine Gegenmacht zu Papst Clemens III. zu schaffen –, die damals wichtigste Universität in Paris unterstand dem Papst, der hier für die Kirche die besten Theologen der Zeit rekrutieren konnte. Große Dominikaner wie Thomas von Aquin, Albertus Magnus und Meister Eckardt studierten und lehrten dort.

1221 verstarb Dominikus im Alter von 56 Jahren nach langer Krankheit im Bett eines Mitbruders, da er kein eigenes besaß. Kurz vor seinem Tod verbot er sich jegliche Verehrung als Ordensgründer und legte bei den wachenden Brüdern ein Geständnis ab: »Ich bekenne,

Prof. Andreas Speer, Leiter des Thomas-Instituts an der Universität Köln auf der Albertus-Magnus-Statue.

dass ich mich nicht von der Schwäche habe frei machen können, mich lieber mit jungen Frauen als mit alten Weibern zu unterhalten.«

Dominikus war ein bescheidener Mensch, der es nicht liebte, seine guten Eigenschaften hervorzukehren. Ungeachtet seines ausdrücklichen Wunsches wurde Dominikus jedoch bereits vier Jahre nach seinem Tod von Papst Honorius III. heiliggesprochen.

Über den Heiligen kursieren nicht viele Lebensbeschreibungen, Wunder oder Anekdoten. Eine Geschichte jedoch weiß die Legende doch zu erzählen: Als man sein Grab öffnete – Dominikus wurde unter einer Steinplatte auf dem Friedhof der Jakobskirche in Toulouse begraben, bevor man ihn zwölf Jahre später in einer Gruft beigesetzte –, soll diesem ein betörend guter Duft entströmt sein, der alle Anwesenden sprachlos machte.

Wissenschaft und Aberglaube

Im Hochmittelalter regte sich bei den Menschen verstärkt das Verlangen nach der Erklärung des Lebens und der Welt. Und wer war da besser geeignet als die akademisch gebildeten Dominikaner? Als Mitbegründer der Scholastik bemühten sie sich, die Erscheinungen des Lebens in ein einheitliches theologisches Glaubenssystem zu fassen.

In der Basilika St. Andreas in Köln befindet sich das Grab des Albertus Magnus

Thomas von Aquin, großer Kirchenlehrer des Mittelalters

1221 siedelten sich die ersten Dominikaner in Köln an. Ihre ursprüngliche Hauptaufgabe des Predigens verlagerte sich immer mehr auf die Theologie und Wissenschaft. So war es auch ein Dominikaner, der hier den Grundstein für die erste deutsche Universität legte. Albertus Magnus (1200–1280 n. Chr.) war einer der imposantesten deutschen Gelehrten und gilt als der maßgebende wissenschaftliche Forscher seiner Zeit. Er absolvierte sein Noviziat in Köln, wohin er nach seinem Aufenthalt an der Pariser Universität zurückkehrte, um dort das von ihm gegründete »Studium Generale« der Dominikaner zu leiten. Daraus entwickelte sich 1388 die Kölner Universität, mit den üblichen vier Fakultäten *Artes* (Künste), *Theologie*, *Medizin* und *Jurisprudenz*, eine der größten Universitäten Europas. Albertus Magnus eröffnete dem christlichen Abendland die Werke

Der heilige Thomas von Aquin ist in der Jakobinerkirche in Toulouse beigesetzt

des griechischen Philosophen Aristoteles und beschäftigte sich mit der arabischen und jüdischen Kultur, die er vermittelnd vertrat. Eine weitere Vorliebe, die er hegte, galt der Zoologie und der Botanik, so dass man bei ihm von einem wahrhaft universal gebildeten Menschen sprechen konnte, der ungewöhnliche naturwissenschaftliche Kenntnisse hatte. Seine aufgeklärte christliche Philosophie brachte ihm aber nicht nur Freunde ein: Die Kirche fürchtete damals, durch mehr Aufklärung an Macht zu verlieren. Albertus Magnus starb 1280, nachdem er zuvor wegen häretischen Gedankenguts seiner Schriften angeklagt worden war. Seine Gebeine ruhen in der Krypta von St. Andreas in Köln.

Einer seiner besten Schüler war Thomas von Aquin. Noch bei seinem Ordenseintritt ahnte niemand die Größe seines Geistes, und seine Mitbrüder nannten ihn den »stummen Ochsen«, was vor allem darauf zurückzuführen war, dass er zu Beginn seiner Studienzeit noch kein Deutsch sprach. Doch Albertus Magnus sah in ihm mehr: »Wir nennen den Bruder Thomas einen stummen Ochsen, aber das Brüllen seiner Gelehrsamkeit wird einstens durch die ganze Welt erschallen.« Thomas von Aquin, geboren 1225, strebte danach, zwei widerstreitende Weltsichten zu versöhnen: die Wahrheit der Vernunft und die Wahrheit des Glaubens. Ihm ist es zu verdanken, dass der Theologie der Charakter einer Wissenschaft zugeschrieben wurde durch die Erkenntnis, dass der Glaube an die Existenz Gottes nicht vernunftwidrig sei, sich also Glaube und Vernunft nicht widersprechen. Trotz seiner erfolgreichen Lehrtätigkeit und seines großen Ansehens blieb Thomas von Aquin stets von einer demütigen Frömmigkeit, die sich in seinen letzten Worten vor dem Tod widerspiegelt: »Alles was ich geschrieben habe, erscheint mir wie Spreu, verglichen mit dem was ich geschaut hab, was mir offenbart wurde.« Sein Leichnam wurde im Gründungskloster des Ordens in Toulouse beigesetzt.

Ein anderer großer Theologe des Dominikanerordens stammte aus Erfurt: Meister Eckhart (1260–1328 n. Chr.). Er studierte Theologie und Philosophie, und man sagte ihm nach, er wäre der Mann, vor dem Gott nie etwas verbergen würde. Tatsächlich gilt Eckhart bis heute als großer Mystiker und Mitbegründer der sogenannten deutschen Mystik. Mystik ist die Erfahrung einer unmittelbaren Anwesenheit des verborgenen Gottes, die den ganzen Menschen ergreift. Eckharts Grundanliegen bestand darin, neben Wissenschaft und Vernunft der Frage nach der Seelenbedeutung des Menschen nachzugehen. Er wollte eine Interpretation finden, die die Begegnung Gottes mit der menschlichen Seele ermöglichte, die Verschmelzung mit dem Schöpfer: »Trutz Gott selber! Trutz den Engeln! Trutz allen Kreaturen! Sie können die Seele nicht mehr trennen von dem Urbild, darin sie eins mit Gott waren.« Seine

Predigerkirche in Erfurt – hier wirkte Meister Eckhart

berühmten *Reden der Unterweisung* hielt Meister Eckhart damals in dem heute originalgetreu renovierten Kapitelsaal des Klosters in Erfurt, wo er Prior war. Um 1325 berief man ihn als *lector primarius* an das »Studium Generale« in Köln. Auch er wurde durch Ordensbrüder wegen seiner ungewöhnlichen Glaubensaussagen denunziert, woraufhin die Kirche einen Inquisitionsprozess gegen ihn eröffnete. Beinahe wäre er auf dem Scheiterhaufen gestorben.

Mit Albertus Magnus und Meister Eckhart standen zwei berühmte Dominikaner, welche in Tradition ihres Gründers gegen die Häresie predigten, selbst unter Verdacht der Ketzerei. So willkürlich wurden damals die Grenzen von Glaube, Vernunft und Mystik einerseits und Häresie andererseits gedeutet.

Ihren künstlerischen Ausdruck fand die dominikanische Mystik in den Fresken des Fra Angelico, vor allem im Kloster San Marco in Florenz. Fra Angelico (ca. 1400–1455 n. Chr.), dessen eigentlicher Name Guido di Pietro lautete, war ein italienischer Dominikanermönch und bedeutender religiöser Maler am Übergang von der Gotik zur Frührenaissance. Nachdem der Orden von Fiesole in die Kirche San Marco in Florenz umgezogen war, beauftragte die Familie de Medici Fra Angelico, den Kreuzgang, den Kapitelsaal, die Korridore und Mönchszellen mit Fresken zu schmücken. Zu seinen beeindruckendsten Darstellungen gehören hier die Kreuzigung mit Madonna und Heiligen sowie die Darstellungen der Verkündigung und Transfiguration. Die Fresken von San Marco gelten als Meilenstein der Kunstgeschichte. Von Fra Angelico wird erzählt, dass er das Bild Christi nie anders als kniend gemalt habe, in Tränen aufgelöst.

Da mit der Renaissance im 15. Jh. der Dominikanerorden immer mehr an Bedeutung verlor – Universitäten und Lehrinhalte wurde zunehmend weltlicher, die Wissensvermittlung mehr und mehr von den neugegründeten Jesuiten übernommen –, brauchten die Dominikaner ein neues Aufgabenfeld, welches ihnen der Papst eröffnete. Er setzte sie aufgrund ihres umfangreichen akademischen Wissens bei der staatlichen Inquisition als theologische Berater ein. Anfänglich war die Inquisition eindeutig eine Verbesserung der herrschenden Rechtspraxis, denn vorher waren Glaubensabtrünnige ohne Prozess einfach verurteilt worden. Nun sollten sie zumindest die Chance bekommen, sich zu den Vorwürfen zu äußern und zu widerrufen. Die kirchliche Instanz sollte dann entscheiden, ob jemand mit dem Teufel im Bund stand oder nicht.

1486 verfasste der Dominikaner Heinrich Kramer den berüchtigten *Hexenhammer*, der dafür die Kriterien festlegte. Durch die aufkommende Buchdruckerkunst fand das Werk weite Verbreitung und wurde zu einem der unheilvollsten Bücher der Geschichte. Das im Mittelalter noch gültige Gottesurteil erlaubte Folter und führte zu Absurditäten wie der Wasser- oder Feuerprobe und dem Scheiterhaufen.

Das Phänomen der Hexenverfolgung breitete sich in einer Zeit aus, in der durch das Kirchenschisma nach der Reformation eine große Glaubensunsicherheit entstanden war und die unteren Stände in gesellschaftlichen Fragen ein Mitspracherecht bekamen. Alleinlebende Frauen wie Witwen, Hebammen oder Unverheiratete genossen keinerlei Schutz, weshalb sie häufig vom Volk denunziert und zu Sündenböcken für jede Art unerklärlicher Unglücke gemacht wurden. Psychisch Kranken dichtete man mangels besseren Wissens einen Pakt mit dem Teufel an. Besonders während des 30-jährigen Krieges (1618–1648 n. Chr.) und der sich daran anschließenden Hungersnot wurden viele vermeintliche Hexen an die Inquisitionsgerichte ausgeliefert.

Doch das neue Wirkungsfeld der Dominikaner konnte den Verfall des Ordens nicht aufhalten: Die Seuchen des 16. und 17. Jh. konfrontierten die Menschen beständig mit dem Tod und der Frage nach dem Sinn des Lebens.

Dominikus, vom Renaissancekünstler Fra Angelico gemalt

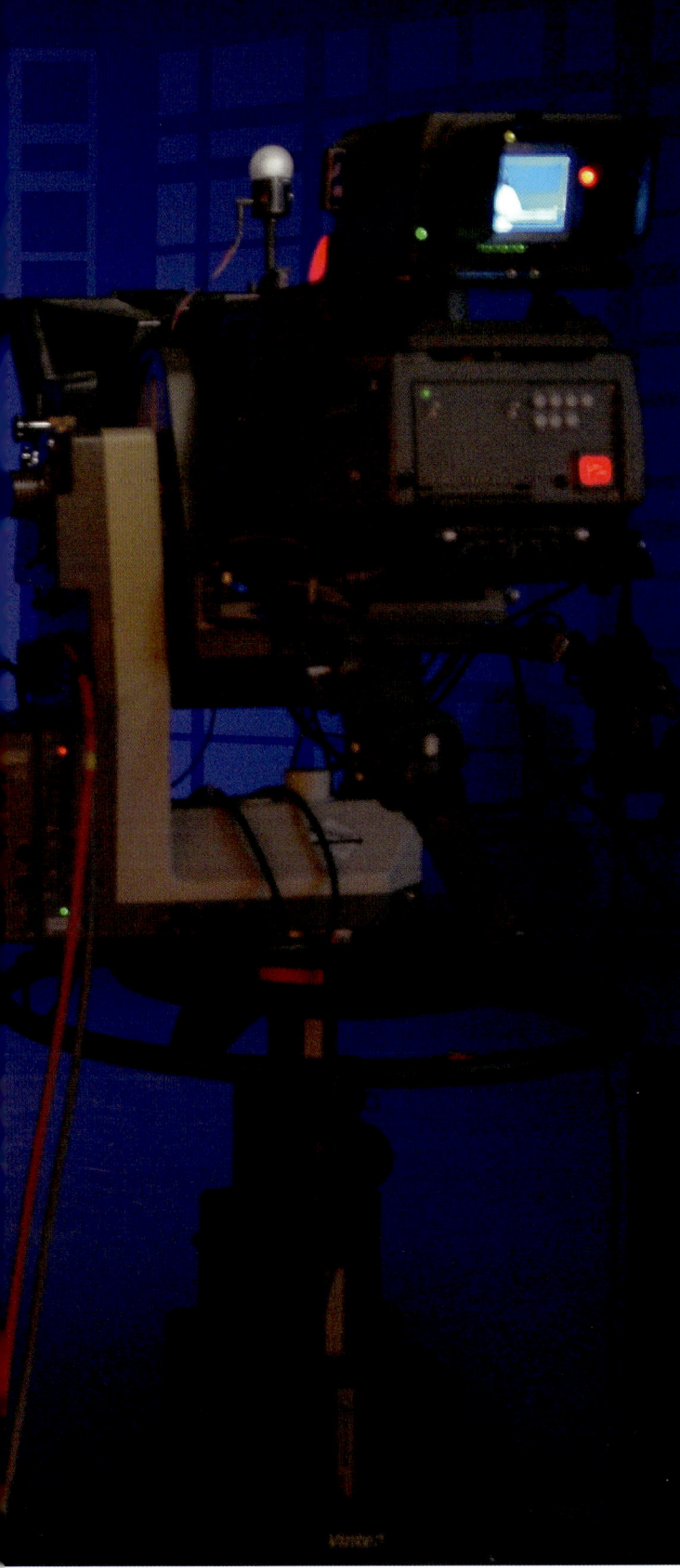

Die Gläubigen erwarteten Antworten von Kirche und Orden, die diese jedoch nicht geben konnten. Stattdessen leitete Luther die Reformation ein, Erasmus von Rotterdam trat für einen persönlichen, von Vorbildern freien Lebensstil ein, und Wilhelm von Ockham brachte den Gedanken an die Trennung von Kirche und Staat in die Diskussion. Zugleich übernahm die Wissenschaft immer mehr die Erklärung der Welt. Die Entdeckung des heliozentrischen Weltbildes durch Kopernikus war ein Schock für die Gesellschaft. Nichts war mehr so wie es schien. Das schürte die Unsicherheit im Volk und die Unglaubwürdigkeit der Kirche. In dieser Zeit verlor der Orden über die Hälfte seiner Klöster, sowie fast sämtliche Lehrstühle. Während der Aufklärung wurde er fast vollständig aufgehoben.

Der Orden heute

Der Orden der Dominikanerinnen von Bethanien wurde im 19. Jh. von dem französischen Gefängnisseelsorger Jean-Josef Lataste gegründet. Dieser entdeckte, als er im Frauengefängnis Exerzitien gab, dass die dort verwahrten Kindsmörderinnen – überwiegend

Schwester Jordana spricht »Das Wort zum Sonntag«.

Dienstmägde, die von ihren Herren geschwängert worden waren und aus Verzweiflung ihre Kinder umgebracht hatten – ein spirituelles Bedürfnis hatten. Da diese Frauen nach ihrer Freilassung von Kirche und Gesellschaft verstoßen wurden, bot er ihnen in seinem neuen Orden, den er entgegen vieler Widerstände auch von Seiten der Kirche aus der Taufe hob, eine reelle Möglichkeit, ein neues Leben beginnen. Bis heute ist es gängige Praxis, dass über das Vorleben der Frauen, die diesem Orden beitreten, Stillschweigen bewahrt wird. Auch dass sich die Dominikanerinnen um Menschen am Rande der Gesellschaft kümmern, hat sich nicht geändert. Nach dem 2. Weltkrieg gründeten sie beispielsweise Kinderdörfer für Kriegswaisen. Erstmals wurden Kinder nicht altersmäßig getrennt in Heimen, sondern wie in einer Art Großfamilie untergebracht – eine Idee, die der spätere Gründer der SOS-Kinderdörfer Hans Gmeiner, der bei den Dominikanerinnen gelernt hatte, erfolgreich übernahm.

Schwester Jordana, bekannt aus der Samstagabendsendung »Das Wort zum Sonntag« ist pädagogische Betreuerin in Waldniel und Bergisch Gladbach. Es geht ihr darum, Kinder, deren Eltern entweder tot oder nicht mehr in der Lage sind, sie auf ein verantwortungsvolles und wertebewusstes Leben vorzubereiten, ein Zuhause zu geben. Ihre Mitschwester Schwester Klarissa war zwölf Jahre Kinderdorfmutter und beschäftigt sich nun mit feministischer Theologie. Ihr Ziel ist es, Liturgie in Ritualen, Tanz und Gesang auszudrücken. Jedes Jahr zur Sommersonnenwende trifft sie sich mit gleichgesinnten Frauen und begeht im Rahmen eines Schöpfungsrituals dieses ursprünglich heidnische Fest. Erstaunlich, wenn man bedenkt, dass heidnische Rituale von Frauen gerade von den männlichen Mitgliedern ihres Ordens in der Vergangenheit blutig verfolgt wurden.

Georg Menke ist ganz in der Tradition seines Ordens Prediger. Er sucht das Gespräch mit den Menschen, und zwar im Gefängnis. Mit den Insassen der JVA Butzbach

Erwartungsvolle Spannung im Aufnahmestudio

Vertrauensvolle Gespräche mit Pater Gregor Menke helfen den Häftlingen durch den Alltag.

führt er bis zu 20 Einzelgesprächen pro Woche. Doch Georg Menke will niemanden missionieren oder bekehren, es geht ihm vielmehr um den inneren Frieden, der für ihn der einzige Weg zur Freiheit darstellt. In seiner Arbeit fühlt er sich seinem Ordensgründer Dominikus eng verbunden. Wie jener ist er der festen Überzeugung, dass nur ein Gespräch auf Augenhöhe ein verschlossenes Herz öffnen kann. Die von Menke selbst gestaltete Gefängniskapelle ist der schönste Raum im Gebäude. Jeden Mittwoch findet hier ein Gottesdienst statt, an dem bis zu 30 Gefangene regelmäßig teilnehmen.

Es sind Menschen wie Gregor Menke, die dem Orden heute neue Kraft und Ausstrahlung geben könnten.

Doch die Zukunft sieht nicht rosig aus, obgleich es genug Aufgaben gäbe, die sozialen und seelischen Nöte der Menschen in der heutigen Zeit zu lindern. Der Orden kann nur wenig Nachwuchs verzeichnen. Liegt es vielleicht daran, dass sich die Zeiten geändert haben, der Orden aber noch zu wenig? Die zisterziensische Mystikerin Mechthild von Magdeburg bemerkte einst: »Wenn das hergebrachte Kleid alt wird, dann deckt es überall nicht mehr und wärmt auch nicht mehr, darum ist es Not, dass ich mit neuem Mantel decke und schirme meine Braut, die Kirche.«

Heute gibt es weltweit etwa 6000 Dominikaner und über 30000 apostolisch-karitativ tätige Schwestern.

DIE AUGUSTINER

»Glaube und Wahrheit«

Augustinus und die Gründung des Ordens

In der Tradition des Kirchenvaters Augustinus betreiben die Augustiner »auf der ewigen Suche nach der Wahrheit« bis heute vertiefte theologische und wissenschaftliche Studien. Neben dieser intellektuellen Tätigkeit engagieren sie sich vornehmlich in der Seelsorge und im sozialen Bereich.

Augustinus (354–430 n. Chr.) wurde in Tagaste, einem kleinen Ort an der nordafrikanischen Küste im heutigen Algerien geboren und wuchs als Sohn einer Christin und eines armen, von den Abgaben an Rom gepeinigten Landbesitzers auf. Zu jener Zeit hatte Kaiser Konstantin II. (317–340 n. Chr.) die Kirche zu einer Stütze des zerfallenden Römischen Reichs gemacht, indem er die damals traditionellen heidnischen Götterkulte verbot und sich zum Christentum bekannte.

Augustinus fühlte sich früh als ein von Gott Getriebener, ein ewig nach der Wahrheit Suchender. In der Schule unterfordert, stürzte er sich in zahllose Liebesaffären, aus denen auch ein Kind hervorging. Spirituellen Halt suchte er bei der persischen Sekte der Manichäer. Durch ihre dualistische Lehre von Gut und Böse fühlte er sich zunächst in seinem Streben nach Wahrheit bestätigt, bis ihn wieder Zweifel plagten und ihn die Frage nach Gott weiter vorantrieb. Ein Freund seiner Eltern ermöglichte dem hochbegabten Jungen ein Studium in Karthago in Dialektik, Rhetorik und Philoso-

phie. 383 ging er als Hochschullehrer nach Mailand, wo er sich der Philosophie Ciceros zuwandte und als Professor der Rhetorik Ehrenreden auf Kaiser und Konsul verfasste und öffentlich vortrug. Doch noch immer fand er keine innere Ruhe: »So streben wir denn durch Suchen und gelangen durch Finden zu etwas, bis dort das Suchen aufhört, wo für die Vollkommenheit kein Streben nach Fortschritt übrig ist.«

Erst als er von den frühen Wüstenvätern wie Antonius und den ersten Klostergründungen hörte, spürte er, auf dem richtigen Weg zu sein. Letzte Sicherheit gab ihm ein Bekehrungserlebnis: Als eine Kinderstimme im Garten eines Freundes ihm geheißen hatte »Nimm und lies«, deutete er diesen Hinweis als Zeichen Gottes, schlug die Paulusbriefe auf und las: »Lasst uns ehrbar leben wie am Tage, nicht in Fressen und Saufen, nicht in Unzucht und Ausschweifung, nicht in Hader und Eifersucht; sondern zieht an den Herrn Jesus Christus und sorgt für den Leib nicht so, dass ihr den Begierden verfallt« (Römer 13, 13-14). Im Jahr 386 ließ sich Augustinus von Erzbischof Ambrosius taufen. Nach Aufenthalten in verschiedenen Klöstern kehrte er schließlich in seine Heimat Nordafrika, nach Hippo Regius, zurück, wo er 395 zum Bischof berufen wurde und begann, die konkurrierenden christlichen Strömungen, den Manaichäsmus, den Donatismus und den Pelagonismus zu bekämpfen.

Augustinus mit seinen Brüdern im Klostergarten in seiner nordafrikanischen Heimat

In Tagaste gründete er mit sechs Brüdern sein erstes Hauskloster, dem andernorts noch mehrere folgen sollten. In Tagaste allerdings fand Augustinus nach seinem gehetzten Dasein endlich die nötige Stille, um jene Werke niederzuschreiben, die ihn zum großen Kirchenvater machten. Er verfasste insgesamt 100 Schriften, die die Grundlage seiner Lehre bildeten. Zu seinen Hauptwerken gehören die autobiografischen Bekenntnisse *Confessiones* und die Schriften über die Dreieinigkeit *De Trinitate*. Trotz seiner regen Tätigkeit als Bischof und Priester hielt Augustinus am monastischen Dasein fest und zeigte zum ersten Mal in der Mönchsgeschichte, dass ein aktives Leben und ein kontemplatives Leben sich nicht gegenseitig ausschlossen.

Nach dem Einfall der Vandalen in Nordafrika im Jahr 428 flohen viele Mönche nach Mittel- und Norditalien, wo sie Klöster errichteten und die Regel des Augustinus verbreiteten. Sie lebten unabhängig vonei-nander in kleinen kontemplativen Gemeinschaften, bis Papst Innozenz IV. sie 1244 zum Orden der Augustiner-Ere-miten vereinigte und ihnen eine klare Aufgabe zuteilte. Fortan sollten sie sich in den Städten des Mittelalters, wo nicht nur reiche Handelshäuser, sondern auch eine mittlere und untere Bürgerschicht entstanden war, um das Seelenheil der Menschen kümmern. Dazu hielten sie Predigten an festen Standorten ab und boten Buß- und Beichtmöglichkeiten an. Das kontemplative Leben mussten die Mönche dafür nicht aufgeben.

In San Gimignano befindet sich eines der ersten Augustinerklöster, es wurde im 13. Jh. erbaut

Father Brian Lowery lebt in San Gimignano

Eines der italienischen Gründungsklöster entstand in San Gimignano, in der Toskana. In der Kirche befindet sich der Bilderzyklus von Benozzo Gozzoli, der in 17 Szenen die Lebensgeschichte des heiligen Augustinus erzählt. Der Maler Benozzo Gozzoli (1420–1497 n. Chr.) wurde in Lese di Sandro in der Toskana als Sohn eines Schneiders geboren. Er lernte bei Fra Angelico, einem der wichtigsten Maler der italienischen Frührenaissance und begleitete ihn nach Rom und Orvieto. In den Jahren 1463 und 1464 hielt er sich in San Gimignano auf, wo er unter anderem den großen, aus 17 Szenen bestehenden Freskenzyklus aus dem Leben des heiligen Augustinus für die Kirche Sant' Agostino malte. Die Szenen der unteren Reihe des Freskenzyklus erzählen von der Ausbildungszeit und den Reisen des Augustinus. Die mittlere Reihe ist seiner Bekehrung zum Glauben gewidmet, die oberste Bilderreihe zeigt den Aufstieg des Heiligen in den Himmel.

Das Denken des heiligen Augustinus

Der Schlüssel zum christlichen Denken liegt bei Augustinus in seiner Bewunderung des Mönchtums. Die Fähigkeit einfacher Menschen, sich für eine christliche Lebensverwirklichung im Kloster zu entscheiden, faszinierte ihn, der lange Zeit ein unruhiges Leben geführt hatte. Nur die Askese der Mönche überstieg für seinen Geschmack das menschliche Maß, ebenso ihre Zurückgezogenheit von der Welt. Er blieb der Welt zugewandt und engagierte sich für ein friedvolles Zusammenleben in sozialer Gemeinschaft. Nicht zuletzt deshalb bilden Liebe und Herz die Mitte seines Christenverständnisses. In der bildenden Kunst wird er oft mit einem Herz in der Hand dargestellt, gemäß seiner Überzeugung: »Das erste Ziel eures gemeinschaftlichen Lebens ist, in Eintracht zusammenzuleben und ein Herz und eine Seele in Gott zu sein.« In diesem Sinne verstand Augustinus sein Kloster als eine Art Wiederkehr der christlichen Urgemeinde, wofür er seine ganze Lebenskraft und

Liebe einsetzte. Als Vorbedingung für eine fruchtbare apostolische Tätigkeit des Ordens forderte er eine fundierte religiös-theologische Ausbildung der Mitglieder. Das Studium der Theologie war Grundregel innerhalb des Ordens und die vornehmste Aufgabe der Brüder.

In den *Confessiones*, einem der einflussreichsten autobiographischen Texte der Weltliteratur, legte Augustinus seinen philosophischen Ansatz dar, der von Platon stammende, jedoch im christlichen Sinn modifizierte Elemente enthält. Hierzu gehören insbesondere der Dualismus zwischen der höheren Welt des Seins, die nur dem Denken, und der niederen Welt des Werdens, die den Sinnen zugänglich ist. Als christlicher Existentialist war Augustinus stets darauf bedacht, die Wahrheitssuche in den Dienst des Seins zu stellen. Was er im Geiste sah, wollte er in seinem Dasein verwirklichen. Er wusste: Zu allen intellektuellen Aussagen lässt sich stets eine Gegenaussage finden, doch ein wirklich gelebtes Christentum ist jeder Diskussion enthoben. Darin sah er die innere Unerschütterlichkeit der mönchischen, aber vor allem der augustinischen Lebensführung.

Des Weiteren entwickelte Augustinus die Lehre der Erbsünde. In seiner Interpretation der Römerbriefs 5,12 heißt es: »*In* ihm [Adam] haben alle gesündigt«, so als wären alle in Adam enthalten gewesen. Diese augustinische Interpretation des altgriechischen Originaltextes ist philologisch fraglich und auch theologisch umstritten. Doch Augustinus glaubte, dass die Erbsünde physisch übertragen würde und argumentierte, dass nur diejenigen, die völlig unverdient die Gnade Gottes erhielten, dieser Erblast entkommen und ewiges Leben erhalten würden. Von der Minderheit wiederum, die der Hölle entginge, könnten nur wenige einer schmerzlichen Läuterung entrinnen. Augustinus war daher der bedeutendste Vertreter der Ansicht, dass man in der Hölle endlose Qualen leiden müsste, und neben Gregor dem Großen wird vor allem ihm zugeschrieben, die Lehre vom Fegefeuer systematisiert und ihr einen Platz in der katholischen Kirche verschafft zu haben.

Augustinus war außerdem der Ansicht, dass der Mensch durch die Erbsünde »ewiges Übel« verdiene, und stritt ab, dass ein Gericht reinigenden Charakter haben könnte. Denn jemand, der vor seinem Tode Gott abgewiesen habe, würde dies auch nach dem Tod tun.

Reformation, Säkularisierung und Forschergeist

Martin Luther wurde 1483 im Übergang zwischen Mittelalter und Neuzeit geboren. Er studierte seinem Vater zuliebe Rechtswissenschaften in Erfurt, trat dann jedoch gegen dessen Willen dem Orden der Augustiner-Eremiten bei. Trotz täglicher Bußübungen litt Luther große Gewissensqualen. Seine größte Sehnsucht war die nach einem gnädigen Gott, doch das Sakrament der Buße, deren Vorbedingung die aufrichtige Reue aus Liebe zu Gott, nicht Angst vor Gottes Bestrafung ist, machte ihm das Leben schwer. Denn Luther erkannte, dass er unfähig war, aus Liebe Gottes Forderungen zu erfüllen, so dass er auch an der zugesagten Vergebung zweifelte. Um diesen inneren Konflikt zu lösen, studierte

Innenhof des Augustinerklosters in Erfurt, wo Luther sein Noviziat absolvierte

Martin Luthers Predigt findet aufmerksame Zuhörer

»Unser Herz ist unruhig, bis es ruhe in dir.«

er im Augustinerkloster von Erfurt Theologie. Ein Bibel-
vers aus dem Paulusbrief führte schließlich zu seiner
inneren Befreiung: »Darin wird offenbart die Gerechtigkeit, die vor Gott gilt, welche aus dem Glauben kommt
und zum Glauben führt; wie geschrieben steht: Der
Gerechte wird aus dem Glauben leben.« In Gottes ewi-
ger Gerechtigkeit sah er ein reines Gnadengeschenk, das
dem Mensch nur durch den Glauben an Jesus Christus
gegeben wird. Keinerlei Eigenleistung wie Buße oder
Ablasszahlungen könnten dieses Geschenk erzwingen.
Damit war für Luther die gesamte mittelalterliche Kirche, die sich in all ihren Formen und Inhalten als Ver-
mittlungsanstalt zwischen der Gnade Gottes und den
Menschen verstand, obsolet geworden. Mit der Ände-
rung seines Nachnamens von Luder zu Luther – nach
dem griechischen Wort *eleutheros*, »Befreiter«, »frei« –
signalisierte er äußerlich seine innere Verwandlung.

Nach Beendigung seines Studiums in Erfurt wurde
Luther zum Priester geweiht und veröffentlichte später
in Wittenberg 1517 seine Thesen, die die Reformation
einleiteten. Luther stellte sich gegen die feudale Kir-
chengesellschaft in Rom, die ihren prunkvollen Lebensstil durch Abgaben des Adels sowie durch Ablassgesetze
finanzierten. Ein Teil der Aristokratie griff mit Freude

Das Lutherhaus in Wittenberg ist heute ein Museum

»Man darf sich nicht so sehr in Tätigkeiten vergraben,
dass man die sinnliche Betrachtung Gottes
für überflüssig hält.«

Luthers Ideen auf und trat zum lutherischen Protestantismus über, um so der Ausbeutung durch den Papst zu entgehen. Heute ist Luthers ehemaliges Kloster in Wittenberg ein Museum, nachdem er es bereits nach seiner Eheschließung mit der Zisterzienserin Katharina von Bora zum Familienheim umgestaltet hatte.

Die neu entstandene Konfession konnte sich schließlich als staatlich gleichberechtigte Kirche neben der römisch-katholischen etablieren. Luthers Bibelübersetzung sowie

Luther – von der Klosterzelle zum Ehemann Katharinas

die Einführung von Messen in landesüblicher Sprache waren Vorbild für viele europäische Länder und führten zu einer Festigung des jeweils nationalen Bewusstseins, unabhängig von Rom.

Für den Orden der Augustiner sollte es jedoch nach dieser Spaltung in den kommenden Jahrhunderten noch schlimmer kommen. Konnte er am Vorabend der Reformation noch 1600 Niederlassungen in ganz Europa verzeichnen, erfuhr er durch die anschließende Säkularisation, die Französische Revolution und dem Kulturkampf eine äußerst starke Dezimierung.

Besonders hart traf es die Augustiner in Großbritannien. Heinrich VIII. hatte die Gunst der Stunde genutzt und sich 1534 vom Papst losgesagt, der ihm keinen Dispens zur Aufhebung seiner Ehe erteilen wollte. Kurzerhand ernannte er sich selbst zum Oberhaupt der neuen anglikanischen Kirche Englands. Die darauf folgende Aufhebung der großen alten Abteien, die teilweise noch aus dem 5. Jh. stammten, bedeutete eine gewaltige Finanzspritze für den König, die dazu benutzt wurde, die einflussreichen Klassen der englischen Gesellschaft an die religiöse Revolution zu binden. Der Niedergang fand seine Fortsetzung, als Heinrichs Tochter Elisabeth I. sich weigerte, den spanischen Thronfolger zu heiraten und die katholischen Maria Stewart enthaupten ließ. Elisa-

beth erklärte die Katholiken zum Staatsfeind und starte-
te in England, Irland und Schottland einen großan-
gelegten Feldzug gegen die Mönche, der 1540 mit der
Auflösung fast aller Klöster und damit auch Augustinerklöster endete.

Im 19. Jh. machte jedoch macht der Orden nochmals
weltweit von sich reden. In Österreich, wo die Habsbur-
ger K&K-Monarchie eine der letzten Hochburgen des
Katholizismus darstellte und noch den alten Reichsge-
danken aus dem Mittelalter vertrat – in den deutschen
Fürstentümern und ihrer Vormacht Preußen wurde
indes längst der Ruf nach Demokratie laut – lebte der
Augustinermönch Gregor Mendel (1822–1884 n. Chr.)
im Kloster von Brünn. Der Orden und die Kirche
ermöglichten dem jungen Hobbybiologen 1844 ein
naturwissenschaftliches Studium an der Universität in
Wien, und ließen ihn im Klostergarten von Alt Brünn
Versuche mit Erbsen durchführen. Der Erfolg blieb
nicht aus. Mendel entwickelte die nach ihm benannten
Mendelschen Vererbungsgesetze: die Uniformitätsregel,
die Spaltungsregel und das Gesetz der freien Kombi-
nierbarkeit der Gene. Heute wird Gregor Mendel auch
Vater der Genetik genannt.

Prachtvolle Bibliothek des Klosters von Brünn

Abt Martinec, einer der letzten Augustinermönche im Kloster von Brünn (Tschechien)

Pater Gregor Mendel, leidenschaftlicher Naturforscher

Etwa zur gleichen Zeit begann Darwin seine Evolutions-forschung, Alexander von Humboldt und Carl Friedrich Gauß hatten gerade ihre Werke veröffentlicht. Die Naturwissenschaften verdrängten mit ihren revolutio-nären Erkenntnissen die Theologie aus ihrer Königsdis-ziplin, den Menschen die Welt zu erklären. Ein Großteil der Gesellschaft verlor den Glauben an die Kirche.

Das weitere Schicksal des Klosters, in dem Mendel eine naturwissenschaftliche Sensation gelang, war ein eher tragisches. Nach den verheerenden Jahren des Ersten Weltkriegs, der den Untergang der alten Dynastien in Europa besiegelte, erlitt die Erzabtei Brünn in der Zeit des Nationalsozialismus viele Opfer. Mehrere Augustiner wurden hingerichtet, und das Kloster beschlag-nahmt. Nach einer kurzen Friedenszeit wurde es 1950 von der kommunistischen Regierung ganz aufgelöst, die Mönche kamen ins Gefängnis oder in Arbeitslager. Im marxistischen Weltbild war Religion schließlich nur »Opium fürs Volk«, und Freiräume wie Klöster, wo Menschen sich einer höheren Macht verschrieben, konnten von Staaten, die eine totale Kontrolle des Denkens ihrer Bürger anstrebten, nicht toleriert werden. Erst nach dem Fall des Kommunismus und der Einführung der Demokratie konnten die Augustiner im Jahre 1989 in ihre Abtei zurückkehren.

Die Augustiner heute

Schwester Rita Maria gehört zum Orden der Ritaschwestern, der 1911 vom Augustinerpater Hugolinius Dach gegründet wurde. Dieser erkannte, dass viele Familien in Not gerieten, wenn Mütter wegen Krankheit oder Entbindung im Krankenhaus waren. So suchte er Frauen, die in dieser Zeit den Haushalt übernahmen. Das tun die rund 90 Ritaschwestern in Würzburg noch heute. Sie helfen zu Hause aus, machen Krankenbesuche und leisten Sterbebegleitung, um überforderte Familienmitglieder zu entlasten und Trost zu spenden: »Der Tod, den die Menschen fürchten, ist die Trennung der Seele vom Körper. Den Tod aber, den die Menschen nicht fürchten, ist die Trennung von Gott.«

Eng mit den Ritaschwestern kooperieren die Schwestern des Augustinerklosters in Würzburg. Sie betreiben ein Hospiz und führen mehrere Zimmer, wo Sterbende aufgenommen werden, wenn die Familie nicht in der Lage ist, sie zu Hause zu begleiten. Außerdem unterhalten sie noch eine Krippe und einen Kindergarten, in dem Kinder in schwierigen Lebenssituationen bevorzugt aufgenommen werden.

Schwester Rita Maria am Bett eines Sterbenden

»Wir sind zu schwach, um
mit der bloßen Vernunft
die Wahrheit zu finden.«

Die Ritaschwestern stützen sich gegenseitig

Was zählt ist der Kontakt zu den Menschen – auf der Fanmeile während der Fußballweltmeisterschaft

Prof. Petrus Dr. Mayer ist mit seinen 87 Jahren nicht nur der größte Augustinusspezialist, sondern auch einer der älteste Augustiner Deutschlands. Trotz seines hohen Alters dreht er noch jeden Morgen ab fünf Uhr im öffentlichen Schwimmbad von Würzburg seine Runden. Sein Kloster befindet sich, wie bei den Augustinern oft üblich, mitten in der Stadt. Im Würzburger Augustinerkloster leben heute 15 Brüder. Hier ist das Provinzialat des Ordens untergebracht sowie das von Prof. Mayer gegründete Zentrum für Augustinusforschung (ZAF), zu deren Gründungsmitgliedern Kardinal Karl Lehmann und Benedikt XVI gehören. Wissenschaftliches Arbeiten wird in Würzburg groß geschrieben. Seit über 17 Jahren wird hier am Augusti-

nuslexikon gearbeitet – ein international einmaliges, akademisches Begriffs- und Reallexikon zu Augustinus, seinem Leben und Denken. Bereits in den frühen 70er-Jahren, als die EDV noch in den Kinderschuhen steckte, baute Petrus Mayer für dieses Projekt die bis heute weltweit umfangreichste Datenbank auf. Inzwischen sind die Forscher bei Buchstabe »I« angekommen.

Pater Jochen vom Würzburger Augustinerkloster leitet den Gesprächsladen. Verzweifelte Arbeitslose, Schüler, die sich nicht trauen, schlechte Noten zu Hause zu beichten, oder Drogensüchtige, die nicht mehr weiter wissen, tauchen hier auf und fragen um Rat. Die Schwellenangst ist im Gegensatz zum Beichtstuhl in der Kirche geringer. Pater Jochen praktiziert in seinem

Laden eine moderne Art der Stadtseelsorge, die bereits seit dem Mittelalter zum Hauptaufgabenbereich der Augustiner gehörte.

Prior Peter Reinl fühlt sich mit den protestantischen Einrichtungen Würzburgs verbunden und engagiert sich besonders für ökumenische Projekte. Er glaubt, dass bedingt durch die gemeinsame Geschichte eine große Chance in der Zusammenarbeit mit den Protestanten besteht, zu denen er oft eine nähere geistige Verwandtschaft fühlt als zu anderen Orden.

Pater Christoph hat es sich zur Aufgabe gemacht, Menschen direkt mit dem Leben Augustinus zu konfrontieren. Auf dem sogenannten Augustinusweg bei Würzburg führt er Pilger durch die Lebensstationen des Kirchenvaters, damit sie ihren eigenen Lebensweg erkennen. »Nur wenn du aufbrichst, findest du einen Schatz.«

Heute gibt es weltweit noch knapp 3000 Augustinermönche. Einzig die Frauenklöster wie etwa die Ritaschwestern, die sich stark im sozialen Bereich engagieren, können noch Zulauf verzeichnen.

Pater Christoph erläutert Pilgern den Augustinusweg

de loyola, Preposito gn'ale de[

di questa casa nostra di R[

Camillo stalla nobile Roman[

he le fenestre di certe case ch[

di sua solita habitatione, si fava[

vista, et piacessi al detto M. Camillo ch[

secondo l'Instrumento detto, ad ogni sua [

sigillata del nostro solito sigillo, soggi [

DIE JESUITEN

»Macht des Gehorsams«

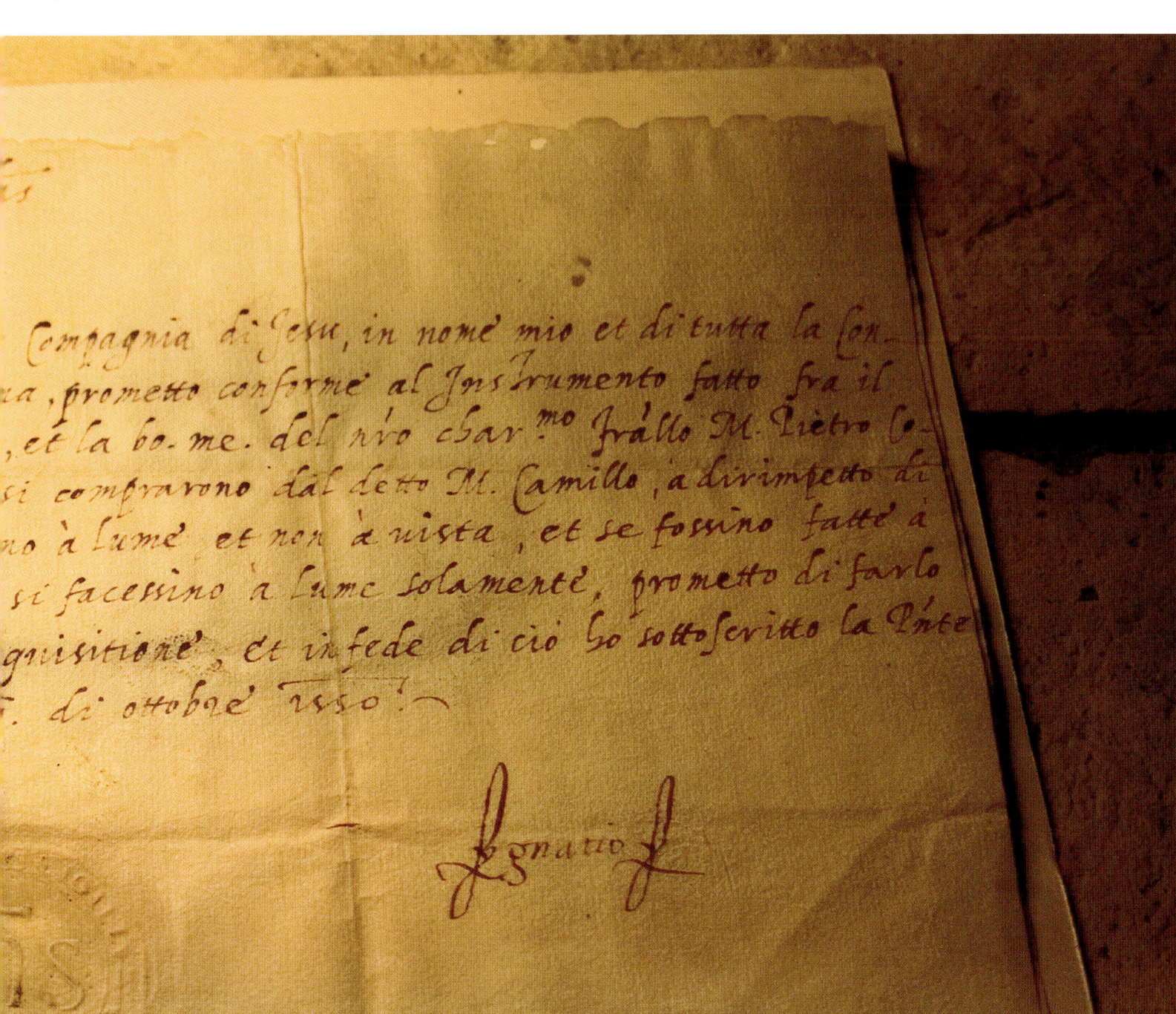

Ignatius von Loyola und die Gründung des Ordens

Die Jesuiten zeichnen sich durch strengen Gehorsam, effizientes Handeln und große Mobilität aus. Ihr Anliegen ist, in die Welt hinauszugehen, um sie für Gott zu gewinnen. Heute sind sie hauptsächlich im Lehrbetrieb, an sozialen Brennpunkten sowie in der Dritten Welt tätig.

Ignatius von Loyola, geboren 1491 als Sohn einer baskischen Adelsfamilie, wurde standesgemäß zum höfischen Ritter ausgebildet. In Deutschland begann zu jener Zeit gerade die Reformation, während das katholische Spanien am Anfang seiner Weltherrschaft stand. Kolumbus hatte Amerika entdeckt, und auf der iberischen Halbinsel wurden die Mauren aus dem Land vertrieben und durch die spanische Inquisition verfolgt. Allein das französische Königshaus machte immer wieder Probleme. Durch eine geschickte Heiratspolitik hatte es großen Einfluss auf der iberischen Halbinsel gewonnen und schickte verstärkt Truppen, um seine Machtstellung abzusichern.

Bei der Verteidigung der Stadt Pamplona gegen die französischen Truppen Heinrichs II. zog sich Ignatius von Loyola eine schwere Verwundung zu, und schlimmer noch als die erlittenen Schmerzen war die Langeweile, die ihn während seines langen Krankenlagers überfiel. Um die Zeit zu verkürzen, verlangte er nach Ritterromanen, doch nichts als zwei Heiligenlegenden

waren zur Hand. Eine über Dominikus und eine über Franziskus. Die kühnen Taten der Väter der Bettelorden begeisterten ihn und entzündeten seine Fantasie. So brach er nach seiner Genesung 1522 zum Kloster Montserrat auf, um dort in der weltlichen Abgeschiedenheit Klarheit über sich und sein weiteres Leben zu finden.

Ignatius überfielen auf dem Weg zu seiner Pilgerstätte Zweifel an seinem Vorhaben. Zum ersten Mal begegnete er damit bewusst der hohen Kunst der sogenannten Unterscheidung der Geister, der Abwägung, welche Geister von Gott kommen und welche nicht. Bis heute ist es ein zentrales Anliegen der Jesuiten und wichtigster Bestandteil ihrer Exerzitien, in besonnener Abwägung »die richtige Entscheidung zu treffen«.

Nach dem Pilgeraufenthalt in Montserrat zog sich Ignatius für geraume Zeit in eine Höhle bei Manresa zurück, geißelte sich, legte sein Leib in Ketten und schlief auf bloßer Erde. In der Tradition des büßenden Pilgers des späten mittelalterlichen Spaniens stand er fürchterliche Ängste und Qualen aus. Er hatte schwere Depressionen und war dem Selbstmord nahe. Erst die Lektüre von Thomas von Kempens Buch *Die Nachfolge*

Schuhe des heiligen Ignatius von Loyola

»Denn es ist wahr, dass seine göttliche Majestät durch Gegenwart, Macht und Wesen in allen Dingen ist.«

Christi brachte die Erlösung, als er las: »Das Streben nach Heiligkeit liegt in der inneren Reinigung nicht in der äußeren Abtötung. Die Seele bedarf der Läuterung nicht der Körper der Drangsalierung.« Damit eröffnete sich ihm eine völlig neue Sicht der Sühne. Ignatius lernte, seine eigene Seele zu lesen. Er schrieb alles auf, was er an sich selbst beobachtete, und erarbeitete damit die erste Fassung der Ignatianischen Exerzitien, der bis heute praktizierten geistlichen Übungen der Jesuiten: »Der Mensch muss sich selbst in die Hand bekommen und dazu ist es nötig, sich der eigenen Phantasie zu bemächtigen, die den Willen bestimmt.«

Papst Paul III., ein großer Förderer der Jesuiten.

Sich selbst und den Willen Gottes zu erkennen war für Ignatius das zentrale Problem. Nach seiner Zeit in der Einsamkeit glaubte er, er wäre berufen, nach Jerusalem zu gehen, um die Mohammedaner zu bekehren (1523–1524 n. Chr.). Aber als man ihn dort nicht haben wollte, überfielen ihn erneut Zweifel. Er beschloss zu studieren: zuerst in Barcelona (1524–1527 n. Chr.), dann sieben Jahre in Paris an der Sorbonne (1528–1535 n. Chr.), wo er gleichgesinnte Gefährten traf und mit ihnen einen Bund schloss. Mit sechs Kommilitonen, darunter Peter Faber und Franz Xaver, leistete er in der Kapelle von St. Denise in Montmartre folgenden Schwur: »Ich gelobe Gehorsam, Armut und Keuschheit sowie die Mission in Palästina. Sollten wir binnen Jahresfrist nicht nach Jerusalem gelangen, werden wir uns dem Papst zur Verfügung stellen und alles tun, war er von uns verlangt.« Da zu jener Zeit jedoch der Schiffsverkehr zwischen Venedig und dem Heiligen Land wegen politischer Auseinandersetzungen völlig eingestellt war, deuteten die Gefährten diesen Umstand als Wink Gottes und zogen 1537 nach Rom. Kurz vor der Stadt hatte Ignatius im Kirchlein St. Pietro von La Storta eine Vision, in der Gott selbst Jesus bat, Ignatius als Knecht aufzunehmen. Jesus stimmte zu und in Ignatius entbrannte eine starke Zuneigung zum Namen Jesu. Fortan gab sich die neue Glaubensgemeinschaft sich den Namen »Gesellschaft Jesu«. Ihre Mitglieder tragen

Papst Paul III. bestätigt gegenüber Ignatius von Loyola die Ordensregeln der Jesuiten.

noch heute hinter ihrem Nachnamen den Zusatz SJ (Societas Jesu).

Im Jahr 1540 stimmte Papst Paul III. der Ordensgründung zu. Er hoffte, der papsttreue Ignatius und seine »Gesellschaft Jesu« würden ein Bollwerk gegen die Gefahr der Reformation bilden, die, von Deutschland ausgehend, ganz Europa ergriffen hatte und die Macht der römischen Kirche immer mehr schwächte. Ignatius nahm deshalb am Konzil von Trient teil, das den Ausgangspunkt der Gegenreformation bildete. Dort betonte er die dogmatischen und liturgischen Differenzen zum Protestantismus und stellte gleichzeitig die wichtigsten Missstände in der damaligen katholischen Kirche wie die Bestimmungen über die Priesterausbildung

sowie den Pfründen- und Ablassmissbrauch heraus. Auf diese Weise versuchte er, dem Protestantismus die Angriffsfläche für seine Kritik am Katholizismus zu nehmen.

Im Auftreten der Jesuiten, das sich deutlich von dem der alten Orden unterschied, lag eine große Chance. Ignatius wollte keine monastische Lebensform, kein Mönchshabit, keine Tonsur, keine Namensänderungen. Er wollte keine Konvente, kein Chorgebet, sondern schlichte Häuser. Den benediktinischen Grundsatz der Beständigkeit »stabilitas loci« verkehrte er in sein Gegenteil, das hieß, die Mitglieder sollten von Ort zu Ort ziehen und sich an keinen bestimmten Platz binden lassen. Dafür gab es eine neue Kraft, die die Jesuiten

zusammenschweißen sollte: Gehorsam. Gemäß den Exerzitien, die Ignatius aus der Selbsterkenntnis heraus verfasst und *Geistliche Übungen* genannt hatte, lag wahre Freiheit nicht in der äußeren Bindungslosigkeit, sondern in der Disziplin. So konnten die Ordensmitglieder ungehindert und frei durch die Lande ziehen, wurden aber zugleich durch ein festes inneres Band des Gehorsams zusammengehalten: »Überhaupt darf ich nicht mir gehören, sondern meinem Schöpfer und dessen Stellvertreter. Muss mich leiten und bewegen lassen wie ein Wachsklümpchen sich kneten lässt, wie ein Toter der weder Wille noch Einsicht hat.«

Der Mensch erfuhr in der beginnenden Neuzeit zum ersten Mal, dass sein Leben nicht vorbestimmt war. Es war kein unausweichliches Schicksal mehr, in einen bestimmten Stand geboren zu werden. Und auch Gehorsam gegenüber dem Höhergestellten war nicht mehr selbstverständlich, sondern musste begründet werden. Eine solch differenzierte gesellschaftliche Sichtweise jedoch eignete sich nicht für einen auf höchste Effizienz angelegten Orden wie es die Jesuiten waren und heute immer noch sind. Sie betrachten den Gehorsam daher als eine hilfreiche Tugend.

Il Gesù, Grabeskirche des heiligen Ignatius in Rom

Als der erste Generalobere des neu gegründeten Ordens (1541 n. Chr.) koordinierte Ignatius in enger Zusammenarbeit mit dem Papst von Rom aus den Einsatz der Jesuiten in aller Welt. In dieser Zeit verfasste er die »großen Ordensregeln«, die erst nach seinem Tod 1556 fertiggestellt wurden. Nur 15 Jahren nach ihrer Gründung zählte die Gesellschaft Jesu bereits über 1000 Mitglieder.

Zu den Leitideen der Jesuiten erklärte Ignatius mitunter die Eroberung der Welt für Christus. Diese Aufgabe nahm der Orden vor allem in Asien und im neu entdeckten Südamerika wahr. Mit den spanischen Entdeckern kamen die Jesuiten im 17. Jh. nach Lateinamerika und engagierten sich hier vor allem im Bereich der Bildung. Von 1609 bis 1767 führten sie in Paraguay Hunderttausende von Indianern in feste, selbstverwaltete Siedlungen zusammen, die unter dem Namen »Jesuiten-Reduktionen« in die Geschichte eingingen. Dieses Gesellschaftsmodell provozierte jedoch nicht nur die spanischen Eroberer, denen der Zugang zu diesen Gebieten verwehrt war, sondern auch die einheimischen Häuptlinge. Es entflammte der sogenannte Krieg der Heilsbringer, in dem viele Jesuiten umkamen und schließlich von den Spaniern aus Paraguay vertrieben wurden.

In Asien griffen die Jesuiten zu einer neuen Methode, um den christlichen Glauben zu verbreiten. Im Gegensatz zu den alten Orden, die animistischen Kul-

ten gegenüber oft unnachgiebig blieben, wählten sie die »Inkulturation«. Dies bedeutete, dass sie sich auf die örtliche Kultur einließen, sich ihr öffneten, um dann von innen heraus in Gottes Sinne wirken zu können. Zwar hatten die Jesuiten mit dieser Vorgehensweise Erfolg, doch verurteilte sie der Papst im sogenannten Ritenstreit. Auf päpstliche Weisung hin musste der Orden daraufhin seine Missionsstationen in China schließen.

In Europa waren die Jesuiten schon früh an fast allen Fürstenhöfen Beichtväter, was ihnen einerseits viel Macht verlieh, sie andererseits auch in Machtkämpfe verstrickte. Im 18. Jh. warfen ihnen besonders die bourbonischen Königshäuser vor, sich als Agenten zu betätigen und politische Entscheidungen hochgradig beeinflusst zu haben. Zudem wehrten sich protestantisch dominierte Städte mit aller Kraft gegen die erfolgreichen Gründungen von immer mehr Jesuitenschulen und deren Einfluss auf die Konfessionswahl der Menschen. Dies alles rief Abneigung hervor, die sich zu offener Feindschaft steigerte, welche schließlich auch auf das Volk übergriff. 1767 ließ Karl III. viele Ordensmitglieder inhaftieren, und die Bourbonen zwangen Papst Clemens XIV. dazu, den Orden 1773 aufzuheben. Diese

Abkehr des Papstes vom Orden, der ursprünglich zu dessen Unterstützung gegründet worden war, traf die Jesuiten hart. Viele fanden Zuflucht in Russland und Preußen, Gebiete, in denen, die nicht-katholischen Regierungen die päpstliche Autorität ohnehin nicht anerkannten. Zarin Katharina die Große und Friedrich II. machten sich die Vorteile des jesuitischen Schulsystems zunutze und ließen die Ordensbrüder als Seelsorger für die katholische Bevölkerung Polens gewähren, das zwischen den beiden Mächten aufgeteilt worden war.

1814 wurde der Orden durch Papst Pius VII. wieder zugelassen, nachdem sich die Verleumdungen gegen die Brüder als haltlos erwiesen hatten. Doch auch Bismarck waren die Jesuiten ein Dorn im Auge. Während des Kulturkampfes, der die endgültige Trennung von Staat und Kirche verfolgte, machte er ihnen den Vorwurf eines zu »internationalen und undeutschen Geistes« und ließ von der preußischen Polizei regelmäßig alle Kollegien durchsuchen. 1872 wurden die sogenannten Jesuitengesetze erlassen, welche die Ausweisung des Ordens aus dem Deutschen Reich zur Folge hatten.

Die totalitären Regime des 20. Jh. führten in Europa einen unerbittlichen Kampf gegen die Religion. Die russische Revolution machte dabei den Anfang und vertrieb nicht nur die orthodoxe Kirche, sondern auch die Jesuiten aus Russland. Aber auch die Nationalsozialisten setzten den Orden massiv unter Druck.

»Der Mensch muss sich selbst in die Hand bekommen und dazu ist es nötig, sich der eigenen Fantasie zu bemächtigen, die den Willen bestimmt.«

Die engagierten und intelligenten Predigten von Pater Ruppert Mayer wurden im Dritten Reich bis weit über die Grenzen Münchens hinaus bekannt. Seine klaren Worte büßte der Geistliche mit KZ-Haft und Hausarrest. Der Jesuit Alfred Delp engagierte sich seit 1942 im Kreisauer Kreis, der sich mit einer neuen christlichen Sozialordnung beschäftigte. Wegen Kontakten zu den Hitlerattentätern vom 20. Juli 1944 wurde er in Berlin-Plötzensee hingerichtet.

Insgesamt nahm die NS-Propaganda gegen den Orden immer mehr zu. Zahlreiche Jesuiten wurden verhaftet, Schulen und Einrichtungen der Jesuiten geschlossen.

Bildung und Wissenschaft

Effizienz gilt als eine der höchsten Tugenden des Ordens: »Vertraue so auf Gott, als hinge alles von deiner eigenen Anstrengung ab, und mühe dich in der Weise, als liege alles in den Händen Gottes.« Dieser Vorsatz durchzieht das Leben und Wirken der Jesuiten von altersher. Besonders in der Erziehung junger Menschen, die schon immer zum Tätigkeitsbereich der Jesu-

Die päpstliche Universität Gregoriana ging aus der ersten Jesuitenschule hervor, dem einstigen Collegium Romanum

iten gehörte, kam er zum Tragen. Die Gesellschaft Jesu bildete ihren Nachwuchs nach höchsten Ansprüchen aus, denn nur fähige und gut ausgebildete Menschen waren den Aufgaben des Ordens gewachsen. So war das Studium von Anfang an Grundvoraussetzung für jeden Jesuiten.

Das Collegium Romanum in Rom, die heutige päpstliche Hochschule Gregoriana wurde 1551 von Ignatius

Aula der päpstlichen Hochschule Gregoriana

von Loyola selbst gegründet. Er wollte eine eigene Hochschule, denn an den großen Universitäten Europas arbeiteten Aufklärung und Reformation gegen die katholische Theologie. Kirche und Gesellschaft drohten auseinanderzufallen, und der Jesuitenorden unter Ignatius verstand sich als Antwort auf diese Herausforderungen. Die Gregoriana gilt bis heute als Kaderschmiede der katholischen Kirche. Große Köpfe wie Athanasius Kircher, Ivan Illich, Karl Lehmann, Benedikt XVI. oder Hans Küng haben hier studiert oder gelehrt.

Zu den einflussreichsten Theologen des 20. Jh. zählt der Jesuit Karl Rahner. Er war maßgeblich an der Vorbereitung und Durchführung des 2. Vatikanischen Konzils 1960 beteiligt, dessen Botschaft »Dialog mit der Gesellschaft, mit der modernen Welt und mit anderen Religionen« lautete. Als Schüler von Martin Heidegger versuchte er eine Synthese der theologischen Tradition mit dem Denken der Moderne, den Naturwissenschaften und dem Marxismus. Da er immer wieder öffentlich die Missstände der Gesellschaft aber auch innerhalb der katholi-

Jesuitenkirche in Innsbruck

Karl Rahners Grab in der Krypta der Jesuitenkirche
Die Stadt Innsbruck gedenkt eines großen Theologen

»Der Mensch ist geschaffen dazu hin,
Gott unsern Herrn zu loben.«

schen Kirche kritisierte, wurde er als »Protagonist der Freiheit in der Theologie« bezeichnet. In Innsbruck legte er den Grundstock zur Sammlung seiner Manuskripte, dem Karl Rahner-Archiv. Kardinal Lehmann promovierte über Rahner und ist Inhaber der Karl-Rahner-Plakette.

Wo immer die Jesuiten aktiv wurden, gründeten sie Kollegien und unterrichteten junge Menschen in humanistischer Bildung. In mehreren Ländern Europas hatten sie ein Monopol auf dem gymnasialen Sektor. Während die früheren Klosterschulen, beispielsweise die der Benediktiner, hauptsächlich ihren eigenen Nachwuchs heranzogen, öffneten die Jesuiten ihre Schulen auch für einen weltlichen Unterricht. Dies kam vor allem der Oberschicht des immer rascher anwachsenden Bürgertums der Neuzeit sehr entgegen, die gute Schulen für ihre Kinder benötigten. Die Jesuiten zeigten ihre Offenheit auch darin, dass sie den Unterricht mit Musikstunden und Theaterspiel ergänzten, für das sie eigene Stücke, die sogenannten Jesuitendramen schrieben. Durch diese gelang es ihnen, die Volksfrömmigkeit zu fördern und die Gläubigen wieder an die katholische Kirche zu binden.

Speisesaal des Canisianums in Innsbruck

Teleskop der vatikanischen Sternwarte

Der Sternenhimmel des 16. Jahrhunderts

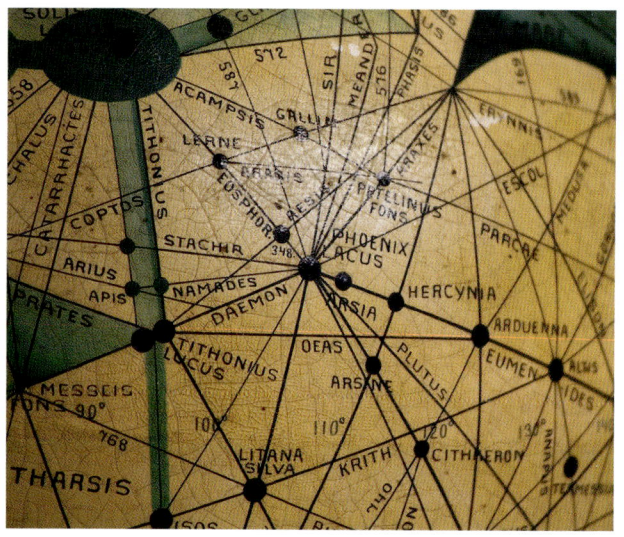

Auch in den modernen Wissenschaften, vor allem in der Astronomie, gehörten und gehören die Jesuiten zur Elite. Bereits 1582 wurde die erste Sternwarte des Vatikans gegründet, die von Anfang an den Jesuiten unterstand. Es war der Jesuit Angelo Secchi, der als erster die Sterne nach ihrem Spektrum klassifizierte. Anfang des 20. Jh. zog die Specola Vaticana, nachdem durch die städtische Ausbreitung der Himmel über Rom immer heller wurde, in das 25 Kilometer von Rom entfernte Castel Gandolfo, wo sich heute der Sommersitz des Papstes befindet. Doch auch hier ist es inzwischen zu hell, so dass eine zusätzliche Sternwarte in Tuscon, Arizona, errichtet wurde.

Die Specula in Castel Gandolfo war das astronomische Forschungs- und Bildungsinstitut des Heiligen Stuhls

In einen schweren Konflikt zwischen Wahrheit und Glaubensgehorsam geriet 1632 der Jesuitenpater Clavius, der als führender Mathematiker seiner Zeit die Berechnungen Galileo Galileis und das neue Weltbild des Kopernikus zwar bestätigte, aber als Gutachter im Inquisitionsverfahren gegen Galilei Position beziehen musste, um dem tradierten Weltbild des Vatikans Gehorsam zu leisten.

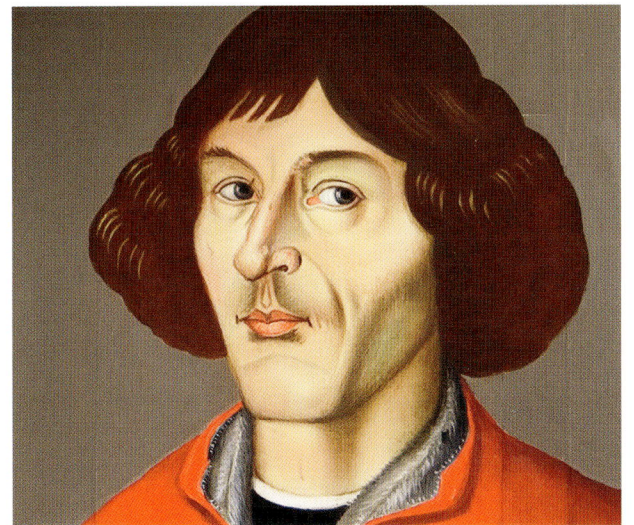

Nikolaus Kopernikus schuf das heliozentrische Weltbild

Pater Johannes Siebner ist Direktor des Jesuitenkollegs St. Blasien

Die Jesuiten heute

Es gab Zeiten, da verstand man unter jesuitischem Drill eine strenge religiöse Erziehung mit dem Ziel, junge Menschen in den Griff zu bekommen. »Das ist natürlich heute längst nicht mehr so«, versichert Pater Johannes Siebner, Direktor der Jesuitenschule St. Blasien im Schwarzwald, einem der großen Eliteinternate Deutschlands. Das Angebot von St. Blasien ist sehr effizient und international ausgerichtet. So ergänzen beispielsweise Chinesischunterricht, eine Europaklasse für ausländische Schüler, Theater und Videokurse, Austauschreisen

Kirche der Jesuitenschule in St. Blasien im Schwarzwald

mit anderen Jesuitenschulen im Ausland den normalen Unterricht. Doch auch der soziale Aspekt kommt in der Erziehung nicht zu kurz. Einmal pro Woche kann jeder Schüler in Absprache mit Internatsseelsorgern in umliegenden Rehabilitations-, Kranken-, und Senioreneinrichtungen eine »gute Tat« vollbringen.

Einen engagierten Kampf für soziale Gerechtigkeit führt heute der sogenannte Jesuit Refugee Service, eine Organisation in über 50 Ländern und Sitz in Berlin. Sie wurde 1980 gegründet, als die vietnamesischen Bootsflüchtlinge Schlagzeilen machten. Martin Stark, ehemals Journalist, leitet die Zentrale. Zwei bis drei Mal pro Woche findet man ihn in den Räumen des Abschiebegewahrsams in Berlin Köpenick. Dort besucht er Abschiebehäftlinge, organisiert Übersetzer und hilft,

Formulare auszufüllen. Mit einem Rechtshilfefonds, der mit Spendengeldern eingerichtet wurde, besorgt er juristischen Beistand und kümmert sich auch um medizinische Hilfe für Illegale. Martin Stark sieht die momentane Ausländersituation als ein Problem, das von Deutschland auf christlichere Weise angepackt werden müsste. Deshalb mischt er sich in weltliche Belange ein, ein Verhalten, das der Tradition seines Ordens folgt, Missstände zu kritisieren, aber auch dazu beizutragen, diese möglichst effizient zu beseitigen.

Eberhard von Gemmingen geht auf Sendung

Auch der Jesuit und Exerzitienmeister Christian Herwartz lebt in Berlin. Er hat die ursprünglichen geistlichen Übungen modernisiert und in das Berliner Großstadtleben integriert. Bei seinen »Exerzitien auf der Straße« meditiert er mit Teilnehmern zum Beispiel vor Obdachloseneinrichtungen. Dort sollen sie erfahren, was auch Ignatius erkannt hat: Aufmerksamkeit für einen Ort, eine Situation und damit für sich selbst.

Doch nicht nur im sozialen Bereich sind die Jesuiten tätig. Im Zentrum der katholischen Kirche, in Rom, liegt die mediale Gewalt des Vatikans in den Händen der Jesuiten: Sowohl das Pressebüro des Papstes als auch Radio Vatikan, das Sprachrohr der katholischen Welt, wird von ihnen geleitet. Der Deutsche Eberhard von Gemmingen arbeitet im Sender als Chefredakteur.

Ebenfalls in Rom befindet sich der Hauptsitz der Gesellschaft Jesu. Ihr General Adolfo Nicolas stammt wie Ignatius aus Spanien. Wegen seiner Macht und seiner schwarzen Kleidung wird der Generalobere der Jesuiten gerne im Gegensatz zum weißgekleideten Pontifex als der »schwarze Papst« bezeichnet. Ihm unterstehen heute weltweit mehr als 18000 Mitglieder. Sie leben und arbeiten in über 125 Ländern an Schulen, Universitäten, im sozialen Bereich und in der Medienbranche.

Frederico Lombardi, Pressesprecher des Papstes

Bildnachweis

Die Fotografen

Sebastian Hattop
Seiten 22–31, 34 oben, 46–53, 66–73, 87, 88 oben, 90, 91,
94–97, 104, 119, 132–135, 138, 139

Ernek Reder
Seiten 10–18, 54–65, 76, 88 unten, 93, 98–103, 120–131,
136–137, 140, 141

Christophe Ferrand
Seiten 74, 75, 77–86, 89

Bénédicte Lefebvre
Seiten 19, 20, 32, 33, 34 unten –45

Die Bildunterschriften zu den Kapitelanfängen

Seite 10–11, Benediktiner
Monte Cassino, das Gründungskloster der Benediktiner

Seite 32–33, Zisterzienser
Abtei Fontenay, 1119 von Bernhard von Clairvaux
gegründet

Seite 54–55, Franziskaner
Assisi, die Geburtsstadt des heiligen Franziskus

Seite 74–75, Dominikaner
Kreuzgang des Jakobinerkonvents in Toulouse

Seite 98–99, Augustiner
San Gimignano mit seinen in den Himmel strebenden
Geschlechtertürmen

Seite 120–121, Jesuiten
Von Ignatius von Loyola signiertes Schriftstück
(Camarette, Rom)

1. Auflage 2008

Copyright © Piper Verlag GmbH, München 2008

© Abbildungen: Wilhelm-Fraenger-Institut, Berlin

Umschlaggestaltung: Hauptmann & Kompanie
Werbeagentur, München-Zürich

Gesetzt aus der Minion

Layout und Satz: Elisabeth Petersen, München

Druck und Bindung: DZA Druckerei zu Altenburg GmbH

Printed in Germany

ISBN 978-3-86612-186-7